MEDITACIONES
DEL QUIJOTE

MEDITACIONES

P O R

J O S E   O R T E G A   Y   G A   T

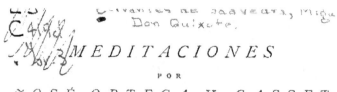

MEDITACIONES

P O R

JOSÉ ORTEGA Y GASSET

MEDITACIONES
DEL QUIJOTE

MEDITACIÓN PRELIMINAR

MEDITACIÓN PRIMERA

PUBLICACIONES DE LA RESIDENCIA DE ESTUDIANTES

SERIE II.—VOL. I

M A D R I D

1914

Es propiedad.

Queda hecho el depósito que marca la ley.

Imprenta Clásica Española, Caños, 1 dup.º Teléfono 4430.—Madrid.

)

A

RAMIRO DE MAEZTU

CON UN GESTO FRATERNAL

LECTOR

BAJO el título *Meditaciones* anuncia este primer volumen unos ensayos de varia lección y no muchas consecuencias, que va a publicar un profesor de Filosofía *in partibus infidelium*. Versan unos—como esta serie de *Meditaciones del Quijote*—, sobre temas de alto rumbo; otros sobre temas más modestos, algunos sobre temas humildes—todos, directa o indirectamente, acaban por referirse a las circunstancias españolas. Estos ensayos son para el autor—como la cátedra, el periódico o la política—, modos diversos de ejercitar una misma actividad, de dar salida a un mismo afecto. No pretendo que esta actividad sea reconocida como

la más importante en el mundo; me considero ante mí mismo justificado al advertir
que es la única de que soy capaz. El afecto
que a ella me mueve es el más vivo que
encuentro en mi corazón. Resucitando el
lindo nombre que usó Spinoza yo le llamaría *amor intellectualis*. Se trata, pues,
lector, de unos ensayos de amor intelectual.

Carecen por completo de valor informa-
tivo; no son tampoco epítomes—son más
bien lo que un humanista del siglo XVII hubiera denominado «salvaciones». Se busca en ellos lo siguiente: dado un hecho—
un hombre, un libro, un cuadro, un paisaje, un error, un dolor—, llevarlo por el camino más corto a la plenitud de su significado. Colocar las materias de todo orden,
que la vida, en su resaca perenne, arroja a
nuestros pies como restos inhábiles de un
naufragio, en postura tal que dé en ellos
el sol innumerables reverberaciones.

Hay dentro de toda cosa la indicación

de una posible plenitud. Un alma abierta y noble sentirá la ambición de perfeccionarla, de auxiliarla para que logre esa su plenitud. Esto es amor—el amor a la perfección de lo amado.

Es frecuente en los cuadros de Rembrandt que un humilde lienzo blanco o gris, un grosero utensilio de menaje se halle envuelto en una atmósfera lumínica e irradiante que otros pintores vierten sólo en torno a las testas de los santos. Y es como si nos dijera en delicada amonestación: ¡Santificadas sean las cosas! ¡Amadlas, amadlas! Cada cosa es un hada que reviste de miseria y vulgaridad sus tesoros interiores y es una virgen que ha de ser enamorada para hacerse fecunda.

La «salvación» no equivale a loa ni ditirambo; puede haber en ella fuertes censuras. Lo importante es que el tema sea puesto en relación inmediata con las corrientes elementales del espíritu, con los motivos clásicos de la humana preocupa-

ción. Una vez entretejido con ellos queda
transfigurado, transubstanciado, salvado.

Va, en consecuencia, fluyendo bajo la
tierra espiritual de estos ensayos, riscosa
a veces y áspera—con rumor ensordecido,
blando, como si temiera ser oída demasiado claramente—, una doctrina de amor.

Yo sospecho que, merced a causas des-
conocidas, la morada íntima de los españoles fué tomada tiempo hace por el odio,
que permanece allí artillado, moviendo
guerra al mundo. Ahora bien; el odio es
un afecto que conduce a la aniquilación
de los valores. Cuando odiamos algo, po-
nemos entre ello y nuestra intimidad un
fiero resorte de acero que impide la fu-
sión, siquiera transitoria, de la cosa con
nuestro espíritu. Sólo existe para nosotros
aquel punto de ella, donde nuestro resorte de odio se fija; todo lo demás, o nos es
desconocido, o lo vamos olvidando, haciéndolo ajeno a nosotros. Cada instante
va siendo el objeto menos, va consumién-

dose, perdiendo valor. De esta suerte se
ha convertido para el español el universo en una cosa rígida, seca, sórdida y
desierta. Y cruzan nuestras almas por la
vida, haciéndole una agria mueca, suspi-
caces y fugitivas como largos canes ham-
brientos. Entre las páginas simbólicas de
toda una edad española, habrá siempre
que incluir aquellas tremendas donde Ma-
teo Alemán dibuja la alegoría del Descon-
tento.

Por el contrario, el amor nos liga a las
cosas, aun cuando sea pasajeramente.
Pregúntese el lector, ¿qué carácter nuevo
sobreviene a una cosa cuando se vierte
sobre ella la calidad de amada? ¿Qué es lo
que sentimos cuando amamos una mujer,
cuando amamos la ciencia, cuando amamos la patria? Y antes que otra nota hallaremos ésta: aquello que decimos amar se
nos presenta como algo imprescindible.
Lo amado es, por lo pronto, lo que nos
parece imprescindible. ¡Imprescindible! Es

2

decir, que no podemos vivir sin ello, que
no podemos admitir una vida donde nosotros existiéramos y lo amado no—que lo
consideramos como una parte de nosotros
mismos. Hay, por consiguiente, en el amor
una ampliación de la individualidad que
absorbe otras cosas dentro de ésta, que las
funde con nosotros. Tal ligamen y compe-
netración nos hace internarnos profundamente en las propiedades de lo amado. Lo
vemos entero, se nos revela en todo su
valor. Entonces advertimos que lo amado
es, a su vez, parte de otra cosa, que necesita de ella, que está ligado a ella. Imprescindible para lo amado, se hace también
imprescindible para nosotros. De este
modo va ligando el amor cosa a cosa y
todo a nosotros, en firme estructura esencial. Amor es un divino arquitecto que
bajó al mundo, según Platón, ὥστε τὸ πᾶν
αὐτὸ αὑτῷ ξυνδέδεσθαι—«a fin de que todo
en el universo viva en conexión».

La inconexión es el aniquilamiento. El

odio que fabrica inconexión, que aisla y desliga, atomiza el orbe y pulveriza la individualidad. En el mito caldeo de Izdubar-Nimrod, viéndose la diosa Ishtar, semi-Juno, semi-Afrodita, desdeñada por éste, amenaza a Anu, dios del cielo, con destruir todo lo creado sin más que suspender un instante las leyes del amor que junta a los seres, sin más que poner un calderón en la sinfonía del erotismo universal.

Los españoles ofrecemos a la vida un corazón blindado de rencor, y las cosas, rebotando en él, son despedidas cruelmente. Hay en derredor nuestro, desde hace siglos, un incesante y progresivo derrumbamiento de los valores.

Pudiéramos decirnos lo que un poeta satírico del siglo XVII dice contra Murtola, autor de un poema *Della creatione del mondo*.

> Il creator di nulla fece il tutto,
> Costui del tutto un nulla e in conclusione,
> L'un fece il mondo e l'altro l'ha distrutto.

YO quisiera proponer en estos ensayos a los lectores más jóvenes que yo, únicos a quienes puedo, sin inmodestia, dirigirme personalmente, que expulsen de sus ánimos todo hábito de odiosidad y aspiren fuertemente a que el amor vuelva a administrar el universo.

Para intentar esto no hay en mi mano otro medio que presentarles sinceramente el espectáculo de un hombre agitado por el vivo afán de comprender. Entre las varias actividades de amor sólo hay una que pueda yo pretender contagiar a los demás: el afán de comprensión. Y habría henchido todas mis pretensiones si consiguiera tallar en aquella mínima porción del alma española que se encuentra a mi alcance, algunas facetas nuevas de sensibilidad ideal. Las cosas no nos interesan porque no hallan en nosotros superficies favorables donde refractarse, y es menester que multipliquemos los haces de nuestro espíritu a fin de que temas innumerables lleguen a herirle.

Llámase en un diálogo platónico a este afán de comprensión ἐροτική μανία, «locura de amor». Pero aunque no fuera la forma originaria, la génesis y culminación de todo amor un ímpetu de comprender las cosas, creo que es su síntoma forzoso. Yo desconfío del amor de un hombre a su amigo o a su bandera cuando no le veo esforzarse en comprender al enemigo o a la bandera hostil. Y he observado que, por lo menos, a nosotros los españoles nos es más fácil enardecernos por un dogma moral que abrir nuestro pecho a las exigencias de la veracidad. De mejor grado entregamos definitivamente nuestro albedrío a una actitud moral rígida que mantenemos siempre abierto nuestro juicio, presto en todo momento a la reforma y corrección debidas. Diríase que abrazamos el imperativo moral como un arma para simplificarnos la vida aniquilando porciones inmensas del orbe. Con aguda mirada ya había Nietzsche descubierto en ciertas actitudes morales formas y productos del rencor.

Nada que de éste provenga puede sernos simpático. El rencor es una emanación de la conciencia de inferioridad. Es la supresión imaginaria de quien no podemos con nuestras propias fuerzas realmente suprimir. Lleva en nuestra fantasía aquel por quien sentimos rencor, el aspecto lívido de un cadáver; lo hemos matado, aniquilado con la intención. Y luego al hallarlo en la realidad firme y tranquilo, nos parece un muerto indócil, más fuerte que nuestros poderes, cuya existencia significa la burla personificada, el desdén viviente hacia nuestra débil condición.

Una manera más sabia de esta muerte anticipada que da a su enemigo el rencoroso, consiste en dejarse penetrar de un dogma moral, donde alcoholizados por cierta ficción de heroísmo, lleguemos a creer que el enemigo no tiene ni un adarme de razón ni una tilde de derecho. Conocido y simbólico es el caso de aquella batalla contra los marcomanos en que echó Marco Aurelio por delante de sus soldados los leones del circo. Los enemigos retrocedieron espantados. Pero su caudillo, dando una gran voz, les dijo: «¡No temáis! ¡Son perros romanos!» Aquietados los temerosos se revolvieron en victoriosa embestida. El amor combate también, no vegeta en la paz turbia de los compromisos, pero combate a los leones como leones y sólo llama perros a los que lo son.

Esta lucha con un enemigo a quien se comprende, es la verdadera tolerancia, la actitud propia de toda alma robusta. ¿Por qué en nuestra raza tan poco frecuente? José de Campos, aquel pensador del siglo XVIII, cuyo libro más interesante ha descubierto Azorín, escribía: «Las virtudes de condescendencia son escasas en los pueblos pobres». Es decir, en los pueblos débiles.

ESPERO que al leer esto nadie derivará la consecuencia de serme indiferente el ideal moral. Yo no desdeño la moralidad en beneficio de un frívolo jugar con las ideas. Las doctrinas inmoralistas que hasta ahora han llegado a mi conocimiento carecen de sentido común. Y a decir verdad, yo no dedico mis esfuerzos a otra cosa que a ver si logro poseer un poco de sentido común.

Pero, en reverencia del ideal moral, es preciso que combatamos sus mayores enemigos que son las moralidades perversas. Y en mi entender—y no sólo en el mío—, lo son todas las morales utilitarias. Y no limpia a una moral del vicio utilitario dar un sesgo de rigidez a sus prescripciones.

Conviene que nos mantengamos en guardia contra la rigidez, librea tradicional de las hipocresías. Es falso, es inhumano, es inmoral, filiar en la rigidez los rasgos fisionómicos de la bondad. En fin, no deja de ser utilitaria una moral porque ella no lo sea, si el individuo que la adopta la maneja utilitariamente para hacerse más cómoda y fácil la existencia.

Todo un linaje de los más soberanos espíritus viene pugnando siglo tras siglo para que purifiquemos nuestro ideal ético, haciéndolo cada vez más delicado y complejo, más cristalino y más íntimo. Gracias a ellos hemos llegado a no confundir el bien con el material cumplimiento de normas legales, una vez para siempre adoptadas, sino que, por el contrario, sólo nos parece moral un ánimo que antes de cada nueva acción trata de renovar el contacto inmediato con el valor ético en persona. Decidiendo nuestros actos en virtud de recetas dogmáticas intermediarias, no

puede descender a ellos el carácter de
bondad, exquisito y volátil como el más
quintesencial aroma. Este puede sólo verterse en ellos directamente de la intuición
viva y siempre como nueva de lo perfecto. Por lo tanto, será inmoral toda moral
que no impere entre sus deberes el deber
primario de hallarnos dispuestos constantemente a la reforma, corrección y aumento del ideal ético. Toda ética que or-
dene la reclusión perpetua de nuestro albedrío dentro de un sistema cerrado de
valoraciones, es *ipso facto* perversa.
Como en las constituciones civiles que se
llaman «abiertas», ha de existir en ella un
principio que mueva a la ampliación y en-
riquecimiento de la experiencia moral.
Porque es el bien, como la naturaleza, un
paisaje inmenso donde el hombre avanza
en secular exploración. Con elevada conciencia de esto, Flaubert escribía una vez:
«El ideal sólo es fecundo»—entiéndase
moralmente fecundo—, «cuando se hace

entrar todo en él. Es un trabajo de amor y no de exclusión».

No se opone, pues, en mi alma, la comprensión a la moral. Se opone a la moral perversa la moral integral para quien es la comprensión un claro y primario deber. Merced a él crece indefinidamente nuestro radio de cordialidad, y, en consecuencia, nuestras probabilidades de ser justos. Hay en el afán de comprender concentrada toda una actitud religiosa. Y por mi parte he de confesar que, a la mañana, cuando me levanto, recito una brevísima plegaria, vieja de miles de años, un versillo del Rig-Veda, que contiene estas pocas palabras aladas: «¡Señor, despiértanos alegres y danos conocimiento!» Preparado así me interno en las horas luminosas o dolientes que trae el día.

¿ES, por ventura, demasiado oneroso este imperativo de la comprensión? ¿No es, acaso, lo menos que podemos hacer en servicio de algo, comprenderlo? ¿Y quién, que sea leal consigo mismo, estará seguro de hacer lo más sin haber pasado por lo menos?

EN este sentido considero que es la filosofía la ciencia general del amor: dentro del globo intelectual representa el mayor ímpetu hacia una omnímoda conexión. Tanto que se hace en ella patente un matiz de diferencia entre el comprender y el mero saber. ¡Sabemos tantas cosas que no comprendemos! Toda la sabiduria de hechos es, en rigor, incomprensiva, y sólo puede justificarse entrando al servicio de una teoría.

La filosofía es idealmente lo contrario de la noticia, de la erudición. Lejos de mí desdeñar ésta: fué, sin duda, el saber noticioso un modo de la ciencia. Tuvo su hora. Allá en tiempos de Justo Lipsio, de Huet o de Casaubon, no había encontrado el conocimiento filológico métodos seguros para descubrir en las masas torrenciales de hechos históricos la unidad de su sentido. No podía ser la investigación directamente investigación de la unidad oculta en los fenómenos. No había otro remedio que dar una cita casual en la memoria de un individuo al mayor cúmulo posible de noticias. Dotándolas así de una unidad externa—la unidad que hoy llamamos «cajón de sastre»—, podía esperarse que entraran unas con otras en espontáneas asociaciones, de las cuales saliera alguna luz. Esta unidad de los hechos, no en sí mismos, sino en la cabeza de un sujeto, es la erudición. Volver a ella en nuestra edad, equivaldría a una regresión de la filología, como si la

química tornara a la alquimia o la medicina
a la magia. Poco a poco se van haciendo
más raros los meros eruditos, y pronto
asistiremos a la desaparición de los últimos mandarines.

Ocupa, pues, la erudición el extrarradio
de la ciencia, porque se limita a acumular
hechos, mientras la filosofía constituye su
aspiración céntrica, porque es la pura síntesis. En la acumulación, los datos son
sólo colegidos, y formando un montón,
afirma cada cual su independencia, su inconexión. En la síntesis de hechos, por el
contrario, desaparecen éstos como un ali-
mento bien asimilado y queda de ellos solo
su vigor esencial.

Sería la ambición postrera de la filosofía
llegar a una sola proposición en que se dijera toda la verdad. Así las mil y doscien-
tas páginas de la *Lógica* de Hegel son
sólo preparación para poder pronunciar,
con toda la plenitud de su significado, esta
frase: «La idea es lo absoluto». Esta fra-

se, en apariencia tan pobre, tiene en realidad un sentido literalmente infinito. Y al pensarla debidamente, todo este tesoro de significación explota de un golpe, y de un golpe vemos esclarecida la enorme perspectiva del mundo. A esta iluminación máxima llamaba yo comprender. Podrá ser tal o tal otra fórmula un error, podrán serlo cuantas se han ensayado; pero de sus ruinas como doctrinal, renace indeleble la filosofía como aspiración, como afán.

El placer sexual parece consistir en una súbita descarga de energía nerviosa. La fruición estética es una súbita descarga de emociones alusivas. Análogamente es la filosofía como una súbita descarga de intelección.

ESTAS *Meditaciones*, exentas de erudición—aún en el buen sentido que pudiera dejarse a la palabra—, van empu-

jadas por filosóficos deseos. Sin embargo,
yo agradecería al lector que no entrara en
su lectura con demasiadas exigencias. No
son filosofía, que es ciencia. Son simplemente unos ensayos. Y el ensayo es la
ciencia, menos la prueba explícita. Para el
escritor hay una cuestión de honor intelectual en no escribir nada susceptible de
prueba sin poseer antes ésta. Pero le es
lícito borrar de su obra toda apariencia
apodíctica, dejando las comprobaciones
meramente indicadas, en elipse, de modo
que quien las necesite pueda encontrarlas
y no estorben, por otra parte, la expansión
del íntimo calor con que los pensamientos
fueron pensados. Aun los libros de intención exclusivamente científica comienzan a
escribirse en estilo menos didáctico y de
remediavagos; se suprime en lo posible
las notas al pie, y el rígido aparato mecá-
nico de la prueba es disuelto en una elo-
cución más orgánica, movida y personal.

Con mayor razón habrá de hacerse así

en ensayos de este género, donde las doctrinas, bien que convicciones científicas para el autor, no pretenden ser recibidas por el lector como verdades. Yo sólo ofrezco *modi res considerandi,* posibles maneras nuevas de mirar las cosas. Invito al lector a que las ensaye por sí mismo, que experimente si, en efecto, proporcionan visiones fecundas: él, pues, en virtud de su íntima y leal experiencia, probará su verdad o su error.

En mi intención llevan estas ideas un oficio menos grave que el científico: no han de obstinarse en que otros las adopten, sino meramente quisieran despertar en almas hermanas otros pensamientos hermanos, aun cuando fueren hermanos enemigos. Pretexto y llamamiento a una amplia colaboración ideológica sobre los temas nacionales—, nada más.

AL lado de gloriosos asuntos, se habla muy frecuentemente en estas *Meditaciones*, de las cosas más nimias. Se atiende a detalles del paisaje español, del modo de conversar de los labriegos, del giro de las danzas y cantos populares, de los colores y estilos en el traje y en los utensilios, de las peculiaridades del idioma, y en general, de las manifestaciones menudas donde se revela la intimidad de una raza.

Poniendo mucho cuidado en no confundir lo grande y lo pequeño; afirmando en todo momento la necesidad de la jerarquía, sin la cual el cosmos vuelve al caos, considero de urgencia que dirijamos también nuestra atención reflexiva, nuestra meditación, a lo que se halla cerca de nuestra persona.

El hombre rinde el máximum de su capacidad cuando adquiere la plena conciencia de sus circunstancias. Por ellas comunica con el universo.

¡La circunstancia! *¡Circum-stantia!* ¡Las cosas mudas que están en nuestro próximo derredor! Muy cerca, muy cerca de nosotros levantan sus tácitas fisonomías con un gesto de humildad y de anhelo, como menestoras de que aceptemos su ofrenda y a la par avergonzadas por la simplicidad aparente de su donativo. Y marchamos entre ellas ciegos para ellas, fija la mirada en remotas empresas, proyectados hacia la conquista de lejanas ciudades esquemáticas. Pocas lecturas me han movido tanto como esas historias donde el héroe avanza raudo y recto, como un dardo, hacia una meta gloriosa, sin parar mientes que va a su vera con rostro humilde y suplicante la doncella anónima que le ama en secreto, llevando en su blanco cuerpo un corazón que arde por él, ascua amarilla y roja donde en su honor se queman aromas. Quisiéramos hacer al

héroe una señal para que inclinara un momento su mirada hacia aquella flor en-
cendida de pasión que se alza a sus pies.
Todos, en varia medida, somos héroes
y todos suscitamos en torno humildes
amores.

Yo un luchador he sido
Y esto quiere decir que he sido un hombre,

prorrumpe Goethe. Somos héroes, com-
batimos siempre por algo lejano y holla-
mos a nuestro paso aromáticas violas.

En el *Ensayo sobre la limitación,* se
detiene el autor con delectación morosa a
meditar sobre este tema. Creo muy seria-
mente que uno de los cambios más hondos
del siglo actual con respecto al XIX, va a
consistir en la mutación de nuestra sensibilidad para las circunstancias. Yo no sé
qué inquietud y como apresuramiento rei-
naba en la pasada centuria—en su segunda mitad sobre todo—, que impelía los
ánimos a desatender todo lo inmediato y

momentáneo de la vida. Conforme la lejanía va dando al siglo último una figura más sintética, se nos manifiesta mejor su carácter esencialmente político. Hizo en él la humanidad occidental el aprendizaje de la política, género de vida hasta entonces reducido a los ministros y los consejos palatinos. La preocupación política, es decir, la conciencia y actividad de lo social, derrámase sobre las muchedumbres merced a la democracia. Y con un fiero exclusivismo ocuparon el primer plano de la atención los problemas de la vida social. Lo otro, la vida individual, quedó relegada, como si fuera cuestión poco seria e intranscendente. Es sobremanera significativo que la única poderosa afirmación de lo individual en el siglo XIX—el «individualismo» — fuera una doctrina política, es decir, social, y que toda su afirmación consistía en pedir que no se aniquilara al individuo. ¿Cómo dudar de que un día próximo parecerá esto increíble?

Todas nuestras potencias de seriedad las hemos gastado en la administración de la sociedad, en el robustecimiento del estado, en la cultura social, en las luchas sociales, en la ciencia en cuanto técnica que enriquece la vida colectiva. Nos hubiera parecido frívolo dedicar una parte de nuestras mejores energías—y no solamente los residuos —a organizar en torno nuestro la amistad, a construir un amor perfecto, a ver en el goce de las cosas una dimensión de la vida que merece ser cultivada con los procedimientos superiores. Y como ésta, multitud de necesidades privadas que ocultan avergonzados sus rostros en los rincones del ánimo porque no se las quiere otorgar ciudadanía, quiero decir, sentido cultural.

En mi opinión, toda necesidad, si se la potencia, llega a convertirse en un nuevo ámbito de cultura. Bueno fuera que el hombre se hallara por siempre reducido a los valores superiores descubiertos hasta aquí: ciencia y justicia, arte y religión. A su tiempo nacerá un Newton del placer y un Kant de las ambiciones.

La cultura nos proporciona objetos ya purificados, que alguna vez fueron vida espontánea e inmediata, y hoy, gracias a la labor reflexiva, parecen libres del espacio y del tiempo, de la corrupción y del capricho. Forman como una zona de vida ideal y abstracta, flotando sobre nuestras existencias personales, siempre azarosas y problemáticas. Vida individual, lo inmediato, la circunstancia, son diversos nombres para una misma cosa: aquellas porciones de la vida de que no se ha extraído todavía el espíritu que encierran, su *logos.*

Y como espíritu, *logos* no son más que «sentido», conexión, unidad, todo lo individual, inmediato y circunstante, parece casual y falto de significación.

Debiéramos considerar que así la vida social como las demás formas de la cultura, se nos dan bajo la especie de vida indivi-

dual, de lo inmediato. Lo que hoy recibimos ya ornado con sublimes aureolas, tuvo
a su tiempo que estrecharse y encogerse
para pasar por el corazón de un hombre.
Cuanto es hoy reconocido como verdad,
como belleza ejemplar, como altamente
valioso, nació un día en la entraña espiritual de un individuo, confundido con sus
caprichos y humores. Es preciso que no
hieraticemos la cultura adquirida, preocu-
pándonos más de repetirla que de aumen-
tarla. El acto específicamente cultural, es
el creador, aquel en que extraemos el *logos* de algo que todavía era insignificante
(i-logico). La cultura adquirida sólo tiene
valor como instrumento y arma de nuevas
conquistas. Por esto, en comparación con
lo inmediato, con nuestra vida espontánea,
todo lo que hemos aprendido parece abstracto, genérico, esquemático. No sólo lo
parece: lo es. El martillo es la abstracción
de cada uno de sus martillazos.

Todo lo general, todo lo aprendido, todo

lo logrado en la cultura, es sólo la vuelta
táctica que hemos de tomar para convertir-
nos a lo inmediato. Los que viven junto
a una catarata no perciben su estruendo:
es necesario que pongamos una distancia
entre lo que nos rodea inmediatamente y
nosotros, para que a nuestros ojos adquie-
ra sentido.

Los egipcios creían que el valle del Ni-
lo era todo el mundo. Semejante afirmación de la circunstancia es monstruosa, y,
contra lo que pudiera parecer, depaupera
su sentido. Ciertas almas manifiestan su
debilidad radical cuando no logran interesarse por una cosa, si no se hacen la ilusión de que es ella todo o es lo mejor del
mundo. Este idealismo mucilaginoso y fe-
menil debe ser raído de nuestra conciencia. No existen más que partes en realidad; el todo es la abstracción de las partes
y necesita de ellas. Del mismo modo no
puede haber algo mejor sino donde hay
otras cosas buenas, y sólo interesándonos

por éstas cobrará su rango lo mejor. ¿Qué es un capitán sin soldados?

¿Cuándo nos abriremos a la convicción de que el ser definitivo del mundo no es materia ni es alma, no es cosa alguna determinada—sino una perspectiva? Dios es la perspectiva y la jerarquía: el pecado de Satán fué un error de perspectiva.

Ahora bien, la perspectiva se perfecciona por la multiplicación de sus términos y la exactitud con que reaccionemos ante cada uno de sus rangos. La intuición de los valores superiores fecunda nuestro contacto con los mínimos, y el amor hacia lo próximo y menudo, da en nuestros pechos realidad y eficacia a lo sublime. Para quien lo pequeño no es nada, no es grande lo grande.

Hemos de buscar a nuestra circunstancia, tal y como ella es, precisamente en lo que tiene de limitación, de peculiaridad, el lugar acertado en la inmensa perspectiva del mundo. No detenernos perpetuamente en éxtasis ante los valores hieráticos, sino conquistar a nuestra vida individual el puesto oportuno entre ellos. En suma: la reabsorción de la circunstancia es el destino concreto del hombre.

Mi salida natural hacia el universo se abre por los puertos del Guadarrama o el campo de Ontígola. Este sector de realidad circunstante forma la otra mitad de mi persona: sólo al través de él puedo integrarme y ser plenamente yo mismo. La ciencia biológica más reciente estudia el organismo vivo como una unidad compuesta del cuerpo y su medio particular: de modo que el proceso vital no consiste sólo en una adaptación del cuerpo a su medio, sino también en la adaptación del medio a su cuerpo. La mano procura amoldarse al objeto material a fin de apresarlo bien; pero, a la vez, cada objeto material oculta una previa afinidad con una mano determinada.

Yo soy yo y mi circunstancia, y si no la

salvo a ella no me salvo yo. *Benefac loco illi quo natus es,* leemos en la Biblia. Y en la escuela platónica se nos da como empresa de toda cultura, ésta: «salvar las apariencias», los fenómenos. Es decir, buscar el sentido de lo que nos rodea.

Preparados los ojos en el mapa-mundi, conviene que los volvamos al Guadarrama. Tal vez nada profundo encontremos. Pero estemos seguros de que el defecto y la esterilidad provienen de nuestra mirada. Hay también un *logos* del Manzanares: esta humildísima ribera, esta líquida ironía que lame los cimientos de nuestra urbe, lleva, sin duda, entre sus pocas gotas de agua, alguna gota de espiritualidad.

Pues no hay cosa en el orbe por donde no pase algún nervio divino: la dificultad estriba en llegar hasta él y hacer que se contraiga. A los amigos que vacilan en entrar a la cocina donde se encuentra, grita Heráclito: «¡Entrad, entrad! También aquí hay dioses.» Goethe escribe a Jacobi en

una de sus excursiones botánico-geológi-
cas: «Heme aquí subiendo y bajando cerros y buscando lo divino *in herbis et
lapidibus*». Se cuenta de Rousseau, que
herborizaba en la jaula de su canario, y
Fabre, quien lo refiere, escribe un libro
sobre los animalillos que habitaban en las
patas de su mesa de escribir.

Nada impide el heroísmo—que es la actividad del espíritu—, tanto como consi-
derarlo adscrito a ciertos contenidos específicos de la vida. Es menester que donde
quiera subsista subterránea la posibilidad
del heroísmo, y que todo hombre, si gol-
pea con vigor la tierra donde pisan sus
plantas, espere que salte una fuente. Para
Moisés el Héroe, toda roca es hontanar.

Para Giordano Bruno: *est animal sanc-
tum, sacrum et venerabile, mundus.*

PÍO Baroja y *Azorín* son dos circunstancias nuestras, y a ellas dedico sendos
ensayos. *Azorín* nos ofrece ocasión para
meditar, con sesgo diverso al que acabo de
decir, sobre las menudencias y sobre el
valor del pasado. Respecto a lo primero,
es hora ya de que resolvamos la latente
hipocresía del carácter moderno, que finge
interesarse únicamente por ciertas conven-
ciones sagradas—ciencia o arte o sociedad—, y reserva, como no podía menos, su
más secreta intimidad para lo nimio y aun
lo fisiológico. Porque esto es un hecho:
cuando hemos llegado hasta los barrios
bajos del pesimismo y no hallamos nada
en el universo que nos parezca una afirmación capaz de salvarnos, se vuelven los
ojos hacia las menudas cosas del vivir co-
tidiano—como los moribundos recuerdan
al punto de la muerte toda suerte de ni-
miedades que les acaecieron. Vemos, en-

tonces, que no son las *grandes cosas,* los grandes placeres, ni las grandes ambiciones, quienes nos retienen sobre el haz de la vida, sino este minuto de bienestar junto a un hogar en invierno, esta grata sensación de una copa de licor que bebemos, aquella manera de pisar el suelo, cuando camina, de una moza gentil, que no amamos ni conocemos, tal ingeniosidad, que el amigo ingenioso nos dice con su buena voz de costumbre. Me parece muy humano el suceso de quien, desesperado, fué a ahorcarse de un árbol, y cuando se echaba la cuerda al cuello, sintió el aroma de una rosa que abría al pie del tronco, y no se ahorcó.

Hay aquí un secreto de las bases de vitalidad que, por decencia, debe el hombre contemporáneo meditar y comprender; hoy se limita a ocultarlo, a apartar de él la vista, como sobre tantos otros poderes oscuros—la inquietud sexual, por ejemplo—, que, a vuelta de sigilos e hipocresías, acaban por triunfar en la conducta de su vida.

Lo infrahumano perdura en el hombre: ¿cuál puede ser para el hombre el sentido de esa perduración? ¿Cuál es el *logos,* la postura clara que hemos de tomar ante esa emoción expresada por Shakespeare en una de sus comedias, con palabras tan íntimas, cordiales y sinceras, que parecen gotear de uno de sus sonetos? «Mi gravedad—dice un personaje en *Measure for measure*—, mi gravedad, de que tanto me enorgullezco, cambiaríala con gusto por ser esta leve pluma que el aire mueve ahora como vano juguete.» ¿No es este un deseo indecente? *Eppur!...*

Respecto al pasado, tema estético de *Azorín,* hemos de ver en él uno de los terribles morbos nacionales. En la *Antropología,* de Kant, hay una observación tan honda y tan certera sobre España, que, al tropezarla, se sobrecoje el ánimo. Dice Kant que los turcos cuando viajan suelen caracterizar los países según su vicio genuino, y que, usando de esta manera, él compondría la tabla siguiente: 1.ª Tierra de las modas *(Francia)*. 2.ª Tierra del mal humor *(Inglaterra)*. 3.ª Tierra de los antepasados *(España)*. 4.ª Tierra de la ostentación *(Italia)*. 5.ª Tierra de los títulos *(Alemania)*. 6.ª Tierra de los señores *(Polonia)*.

¡Tierra de los antepasados!... Por lo tanto, no nuestra, no libre propiedad de los españoles actuales. Los que antes pasaron siguen gobernándonos y forman una oligarquía de la muerte, que nos oprime. «Sábelo—dice el criado en las *Coéforas*—, los muertos matan a los vivos.»

Es esta influencia del pasado sobre nuestra raza una cuestión de las más delicadas. Al través de ella descubriremos la mecánica psicológica del reaccionarismo español. Y no me refiero al político, que es sólo una manifestación, la menos honda y significativa de la general constitución reaccionaria de nuestro espíritu. Columbraremos en este ensayo cómo el reaccionaris-

mo radical no se caracteriza en última instancia por su desamor a la modernidad,
sino por la manera de tratar el pasado.

Toléreseme, a beneficio de concisión,
una fórmula paradójica: la muerte de lo
muerto es la vida. Sólo un modo hay de
dominar el pasado, reino de las cosas fe-
necidas: abrir nuestras venas e inyectar
de su sangre en las venas vacías de los
muertos. Esto es lo que no puede el reac-
cionario: tratar el pasado como un modo
de la vida. Lo arranca de la esfera de la
vitalidad, y, bien muerto, lo sienta en su
trono para que rija las almas. No es casual que los celtíberos llamaran la atención
en el tiempo antiguo, por ser el único pueblo que adoraba a la muerte.

Esta incapacidad de mantener vivo el
pasado, es el rasgo verdaderamente reac-
cionario. La antipatía hacia lo nuevo parece, en cambio, común a otros temperamen-
tos psicológicos. ¿Es, por ventura, reac-
cionario Rossini por no haber querido via-

jar jamás en tren y rodar Europa en su co-
che de alegres cascabeles? Lo grave es
otra cosa: tenemos los ámbitos del alma
infeccionados, y como los pájaros al volar
sobre los miasmas de una marisma, cae
muerto el pasado dentro de nuestras me-
morias.

EN Pío Baroja tendremos que meditar
sobre política y sobre el arte barroco;
en realidad, tendremos que hablar un poco
de todo. Porque este hombre, más bien
que un hombre, es una encrucijada.

Por cierto que, tanto en este ensayo
sobre Baroja, como en los que se dedi-
can a Goethe y Lope de Vega, a La-
rra, y aun en algunas de estas *Meditaciones del Quijote,* acaso parezca al lector
que se habla relativamente poco del tema
concreto a que se refieren. Son, en efecto,
estudios de crítica; pero yo creo que no es
la misión importante de ésta tasar las obras

literarias, distribuyéndolas en buenas o malas. Cada día me interesa menos sentenciar; a ser juez de las cosas, voy prefiriendo ser su amante.

Veo en la crítica un fervoroso esfuerzo para potenciar la obra elegida. Todo lo contrario, pues, de lo que hace Sainte-Beuve cuando nos lleva de la obra al autor, y luego pulveriza a éste en una llovizna de anécdotas. La crítica no es biografía ni se justifica como labor independiente, si no se propone completar la obra. Esto quiere decir, por lo pronto, que el crítico ha de introducir en su trabajo todos aquellos utensilios sentimentales e ideológicos pertrechados, con los cuales puede el lector medio recibir la impresión más intensa y clara de la obra que sea posible. Procede orientar la crítica en un sentido afirmativo y dirigirla, más que a corregir al autor, a dotar al lector de un órgano visual más perfecto. La obra se completa completando su lectura.

Así, por un estudio crítico sobre Pío Baroja, entiendo el conjunto de puntos de vista bajo los cuales sus libros adquieren una significación potenciada. No extrañe, pues, que se hable poco del autor y aun de los detalles de su producción; se trata precisamente de reunir todo aquello que no está en él, pero que lo completa, de proporcionarle la atmósfera más favorable.

EN las *Meditaciones del Quijote* intento hacer un estudio del quijotismo. Pero hay en esta palabra un equívoco. Mi quijotismo no tiene nada que ver con la mercancía bajo tal nombre ostentada en el mercado. *Don Quijote* puede significar dos cosas muy distintas: *Don Quijote* es un libro y Don Quijote es un personaje de ese libro. Generalmente, lo que en bueno o en mal sentido se entiende por «quijotismo», es el quijotismo del personaje. Estos ensayos, en cambio, investigan el quijotismo del libro.

La figura de Don Quijote, plantada en medio de la obra como una antena que recoge todas las alusiones, ha atraído la atención exclusivamente, en perjuicio del resto de ella, y, en consecuencia, del personaje mismo. Cierto; con un poco de amor y otro poco de modestia—sin ambas cosas no—, podría componerse una parodia sutil de los *Nombres de Cristo,* aquel lindo libro de simbolización románica que fué urdiendo Fray Luis con teológica voluptuosidad en el huerto de la Flecha. Podría escribirse unos *Nombres de Don Quijote.* Porque en cierto modo es Don Quijote la parodia triste de un cristo más divino y sereno: es él un cristo gótico, macerado en angustias modernas; un cristo ridículo de nuestro barrio, creado por una imaginación dolorida que perdió su inocencia y su voluntad y anda buscando otras nuevas. Cuando se reúnen unos cuantos españoles sensibilizados por la miseria ideal de su pasado, la sordidez de su presente y la acre hostilidad de su porvenir, desciende entre ellos Don Quijote, y el calor fundente de su fisonomía disparatada, compagina aquellos corazones dispersos, los ensarta como en un hilo espiritual, los nacionaliza, poniendo tras sus amarguras personales un comunal dolor étnico. «¡Siempre que estéis juntos—murmuraba Jesús—, me hallaréis entre vosotros.»

Sin embargo, los errores a que ha llevado considerar aisladamente a Don Quijote, son verdaderamente grotescos. Unos, con encantadora previsión, nos proponen que no seamos Quijotes; y otros, según la moda más reciente, nos invitan a una existencia absurda, llena de ademanes congestionados. Para unos y para otros, por lo visto, Cervantes no ha existido. Pues a poner nuestro ánimo más allá de ese dualismo, vino sobre la tierra Cervantes.

No podemos entender el individuo sino

al través de su especie. Las cosas reales
están hechas de materia o de energía; pero
las cosas artísticas — como el personaje
Don Quijote—, son de una sustancia llamada estilo. Cada objeto estético es indivi-
duación de un protoplasma-estilo. Así, el
individuo Don Quijote es un individuo de
la especie Cervantes.

Conviene, pues, que, haciendo un esfuerzo, distraigamos la vista de Don Quijote, y, vertiéndola sobre el resto de la
obra, ganemos en su vasta superficie una
noción más amplia y clara del estilo cer-
vantino, de quien es el hidalgo manche-
go sólo una condensación particular. Este es para mí el verdadero quijotismo: el
de Cervantes, no el de Don Quijote. Y
no el de Cervantes en los baños de Ar-
gel, no en su vida, sino en su libro. Para
eludir esta desviación biográfica y erudi-
ta, prefiero el título quijotismo a cervan-
tismo.

La tarea es tan levantada, que el autor

entra en ella seguro de su derrota, como si fuera a combatir con los dioses.

Son arrancados los secretos a la naturaleza de una manera violenta; después de orientarse en la selva cósmica, el científico se dirige recto al problema, como un cazador. Para Platón, lo mismo que para Santo Tomás, el hombre científico es un hombre que va de caza, θηρευτής, *venator*. Poseyendo el arma y la voluntad, la pieza es segura; la nueva verdad caerá seguramente a nuestros pies, herida como un ave en su trasvuelo.

Pero el secreto de una genial obra de arte no se entrega de este modo a la invasión intelectual. Diríase que se resiste a ser tomado por la fuerza, y sólo se entrega a quien quiere. Necesita, cual la verdad científica, que le dediquemos una operosa atención, pero sin que vayamos sobre él rectos, a uso de venadores. No se rinde al arma: se rinde, si acaso, al culto meditativo. Una obra del rango del *Quijote* tiene que ser tomada como Jericó. En amplios giros, nuestros pensamientos y nuestras emociones, han de irla estrechando lentamente, dando al aire como sones de ideales trompetas.

¡Cervantes—un paciente hidalgo que escribió un libro—, se halla sentado en los elíseos prados hace tres siglos, y aguarda, repartiendo en derredor melancólicas miradas, a que le nazca un nieto capaz de entenderle!

Estas meditaciones, a que seguirán otras, renuncian—claro está—, a invadir los secretos últimos del *Quijote*. Son anchos círculos de atención que traza el pensamiento—sin prisas, sin inminencia—, fatalmente atraído por la obra inmortal.

Y una palabra postrera. El lector descubrirá, si no me equivoco, hasta en los últimos rincones de estos ensayos, los latidos de la preocupación patriótica. Quien los escribe y a quienes van dirigidos, se originaron espiritualmente en la negación de la España caduca. Ahora bien, la negación aislada es una impiedad. El hombre pío y honrado contrae, cuando niega, la obligación de edificar una nueva afirmación. Se entiende de intentarlo.

Así nosotros. Habiendo negado una España, nos encontramos en el paso honroso de hallar otra. Esta empresa de honor no nos deja vivir. Por eso, si se penetrara hasta las más íntimas y personales meditaciones nuestras, se nos sorprendería haciendo con los más humildes rayicos de nuestra alma, experimentos de nueva España.

Madrid, Julio, 1914.

MEDITACIONES
DEL QUIJOTE

IST ETWA DER DON QUIXOTE NUR EINE
POSSE?—¿ES, POR VENTURA, EL
DON QUIJOTE SÓLO UNA BUFONADA?

HERMANN COHEN. — ETHIK
DES REINEN WILLENS, P. 487

MEDITACION
PRELIMINAR

E L monasterio del Escorial se levanta sobre un
collado. La ladera meridional de este collado
desciende bajo la cobertura de un boscaje, que es
a un tiempo robledo y fresneda. El sitio se llama
«La Herrería». La cárdena mole ejemplar del edificio modifica, según la estación, su carácter merced a este manto de espesura tendido a sus plantas, que es en invierno cobrizo, áureo en otoño y
de un verde oscuro en estío. La primavera pasa
por aquí rauda, instantánea y excesiva—como una
imágen erótica por el alma acerada de un ceno-
biarca. Los árboles se cubren rápidamente con
frondas opulentas de un verde claro y nuevo; el
suelo desaparece bajo una hierba de esmeralda
que, a su vez, se viste un día con el amarillo de
las margaritas, otro con el morado de los cantue-
sos. Hay lugares de excelente silencio—el cual no
es nunca un silencio absoluto. Cuando callan por
completo las cosas en torno, el vacío de rumor que

dejan, exige ser ocupado por algo, y entonces oímos el martilleo de nuestro corazón, los latigazos de la sangre en nuestras sienes, el hervor del aire que invade nuestros pulmones y que luego huye afanoso. Todo esto es inquietante porque tiene una significación demasiado concreta. Cada latido de nuestro corazón parece que va a ser el último. El nuevo latido salvador que llega parece siempre una casualidad y no garantiza el subsecuente. Por esto es preferible un silencio donde suenen sones puramente decorativos, de referencias inconcretas. Así en este lugar. Hay aguas claras corrientes que van rumoreando a lo largo y hay dentro de lo verde avecillas que cantan— verderones, jilgueros, oropéndolas y algún sublime ruiseñor.

Una de estas tardes de la fugaz primavera, salieron a mi encuentro en la Herrería estos pensamientos:

1.

El bosque.

¿Con cuántos árboles se hace una selva? ¿Con cuántas casas una ciudad?

Según cantaba el labriego de Poitiers,

La hauteur des maisons
empêche de voir la ville,

y el adagio germánico afirma que los árboles no dejan ver el bosque. Selva y ciudad son dos cosas esencialmente profundas, y la profundidad está condenada de una manera fatal a convertirse en superficie si quiere manifestarse.

Tengo yo ahora en torno mío hasta dos docenas de robles graves y de fresnos gentiles. ¿Es esto un bosque? Ciertamente que no; estos son los árboles que veo de un bosque. El bosque verdadero se compone de los árboles que no veo. El bosque es una naturaleza invisible—por eso en todos los idiomas conserva su nombre un halo de misterio.

Yo puedo ahora levantarme y tomar uno de estos vagos senderos por donde veo cruzar a los mirlos. Los árboles que antes veía serán sustituídos por otros análogos. Se irá el bosque descomponiendo, desgranando en una serie de trozos sucesivamente visibles. Pero nunca lo hallaré allí donde me encuentre. El bosque huye de los ojos.

Cuando llegamos a uno de estos breves claros que deja la verdura, nos parece que había allí un hombre sentado sobre una piedra, los codos en las rodillas, las palmas en las sienes, y que, precisamente cuando íbamos a llegar, se ha levantado y se ha ido. Sospechamos que este hombre, dando un breve rodeo, ha ido a colocarse en la misma postura no lejos de nosotros. Si cedemos al deseo de sorprenderle—a ese poder de atracción que ejerce el centro de los bosques sobre quien en ellos penetra—, la escena se repetirá indefinidamente.

El bosque está siempre un poco más allá de donde nosotros estamos. De donde nosotros estamos acaba de marcharse y queda sólo su huella aún fresca. Los antiguos, que proyectaban en formas corpóreas y vivas las siluetas de sus emociones, poblaron las selvas de ninfas fugitivas. Nada más exacto y expresivo. Conforme camináis, volved rápidamente la mirada a un claro entre la espesura y hallaréis un temblor en el aire como si se aprestara a llenar el hueco que ha dejado al huir un ligero cuerpo desnudo.

Desde uno cualquiera de sus lugares es, en rigor, el bosque una posibilidad. Es una vereda por donde podríamos internarnos; es un hontanar de quien nos llega un rumor débil en brazos del silencio y que podríamos descubrir a los pocos pasos, son versículos de cantos que hacen a lo lejos los pájaros puestos en unas ramas bajo las cuales podríamos llegar. El bosque es una suma de posibles actos nuestros, que, al realizarse, perderían su valor genuino. Lo que del bosque se halla ante nosotros de una manera inmediata es sólo pretexto para que lo demás se halle oculto y distante.

2.

Profundidad y superficie

CUANDO se repite la frase «los árboles no nos dejan ver el bosque», tal vez no se entiende su rigoroso significado. Tal vez la burla que en ella se quiere hacer vuelva su aguijón contra quien la dice.

Los árboles no dejan ver el bosque, y gracias a que así es, en efecto, el bosque existe. La misión de los árboles patentes es hacer latente el resto de ellos, y sólo cuando nos damos perfecta cuenta de que el paisaje visible está ocultando otros paisajes invisibles nos sentimos dentro de un bosque.

La invisibilidad, el hallarse oculto no es un carácter meramente negativo, sino una cualidad positiva que, al verterse sobre una cosa, la transforma, hace de ella una cosa nueva. En este sentido es absurdo—como la frase susodicha declara—, pretender ver el bosque. El bosque es lo latente en cuanto tal.

Hay aquí una buena lección para los que no ven la multiplicidad de destinos, igualmente respetables y necesarios, que el mundo contiene. Existen cosas que, puestas de manifiesto, sucumben o pierden su valor y, en cambio, ocultas o preteridas llegan a su plenitud. Hay quien alcanzaría la plena expansión de sí mismo ocupando un lugar secundario y el afán de situarse en primer plano aniquila toda su virtud. En una novela contemporánea se habla de cierto muchacho poco inteligente, pero dotado de exquisita sensibilidad moral, que se consuela de ocupar en las clases escolares el último puesto, pensando: «¡Al fin y al cabo, al-

guno tiene que ser el último!». Es esta una observación fina y capaz de orientarnos. Tanta nobleza puede haber en ser postrero como en ser
primero, porque ultimidad y primacía son magis-
traturas que el mundo necesita igualmente, la
una para la otra.

Algunos hombres se niegan a reconocer la profundidad de algo porque exigen de lo profundo
que se manifieste como lo superficial. No acep-
tando que haya varias especies de claridad, se
atienen exclusivamente a la peculiar claridad de
las superficies. No advierten que es a lo profundo
esencial el ocultarse detrás de la superficie y presentarse sólo al través de ella, latiendo bajo ella.

Desconocer que cada cosa tiene su propia condición y no la que nosotros queremos exigirle es,
a mi juicio, el verdadero pecado capital, que yo
llamo pecado cordial, por tomar su oriundez de
la falta de amor. Nada hay tan ilícito como empe-
queñecer el mundo por medio de nuestras manías
y cegueras, disminuir la realidad, suprimir imagi-
nariamente pedazos de lo que es.

Esto acontece cuando se pide a lo profundo
que se presente de la misma manera que lo superficial. No; hay cosas que presentan de sí mismas
lo estrictamente necesario para que nos percate-
mos de que ellas están detrás ocultas.

Para hallar esto evidente no es menester recurrir a nada muy abstracto. Todas las cosas profundas son de análoga condición. Los objetos materiales, por ejemplo, que vemos y tocamos tienen una tercera dimensión que constituye su profundidad, su interioridad. Sin embargo, esta tercera dimensión ni la vemos ni la tocamos. Encontramos, es cierto, en sus superficies alusiones a
algo que yace dentro de ellas; pero este dentro
no puede nunca salir afuera y hacerse patente en
la misma forma que los haces del objeto. Vano
será que comencemos a seccionar en capas superficiales la tercera dimensión: por finos que los
cortes sean, siempre las capas tendrán algún gro-
sor, es decir, alguna profundidad, algún dentro
invisible e intangible. Y si llegamos a obtener capas tan delicadas que la vista penetre a su través, entonces no veremos ni lo profundo ni la
superficie, más una perfecta transparencia, o lo
que es lo mismo, nada. Pues de la misma suerte
que lo profundo necesita una superficie tras de
que esconderse, necesita la superficie o sobrehaz,
para serlo, de algo sobre que se extienda y que
ella tape.

Es esta una perogrullada, mas no del todo inú-
til. Porque aún hay gentes las cuales exigen que
les hagamos ver todo tan claro como ven esta na-

ranja delante de sus ojos. Y es el caso que, si por ver se entiende, como ellos entienden, una función meramente sensitiva, ni ellos ni nadie ha visto jamás una naranja. Es ésta un cuerpo esférico, por tanto, con anverso y reverso. ¿Pretenderán tener delante a la vez el anverso y el reverso de la naranja? Con los ojos vemos una parte de la naranja, pero el fruto entero no se nos da nunca en forma sensible; la mayor porción del cuerpo de la naranja se halla latente a nuestras miradas.

No hay, pues, que recurrir a objetos sutiles y metafísicos para indicar que poseen las cosas maneras diferentes de presentarse; pero cada cual en su orden, igualmente claras. No es sólo lo que se ve lo claro. Con la misma claridad se nos ofrece la tercera dimensión de un cuerpo que las otras dos, y sin embargo, de no haber otro modo de ver que el pasivo de la estricta visión, las cosas o ciertas cualidades de ellas no existirían para nosotros.

3.

Arroyos y oropéndolas.

Es ahora el pensamiento un dialéctico fauno que persigue, como a una ninfa fugaz, la esencia del bosque. El pensamiento siente una fruición muy parecida a la amorosa cuando palpa el cuerpo desnudo de una idea.

Con haber reconocido en el bosque su naturaleza fugitiva, siempre ausente, siempre oculta— un conjunto de posibilidades—, no tenemos entera la idea del bosque. Si lo profundo y latente ha de existir para nosotros, habrá de presentársenos y al presentársenos ha de ser en tal forma que no pierda su calidad de profundidad y latencia.

Según decía, la profundidad padece el sino irrevocable de manifestarse en caracteres superficiales. Veamos como lo realiza.

Este agua que corre a mis pies hace una blanda quejumbre al tropezar con las guijas y forma un curvo brazo de cristal que ciñe la raíz de este roble. En el roble ha entrado ahora poco una oropéndola como en un palacio la hija de un rey. La oropéndola da un denso grito de su garganta, tan musical que parece una esquirla arrancada al canto del ruiseñor, un son breve y súbito que un instante llena por completo el volumen perceptible del bosque. De la misma manera llena súbitamente el volumen de nuestra conciencia un latido de dolor.

Tengo ahora delante de mí estos dos sonidos: pero no están ellos solos. Son meramente líneas o puntos de sonoridad que destacan por su genuina plenitud y su peculiar brillo sobre una muchedumbre de otros rumores y sones con ellos entretejidos.

Si del canto de la oropéndola posada sobre mi cabeza y del son del agua que fluye a mis pies, hago resbalar la atención a otros sonidos, me encuentro de nuevo con un canto de oropéndola y un rumorear de agua que se afana en su áspero cauce. Pero ¿qué acontece a estos nuevos sones? Reconozco uno de ellos sin vacilar como el canto de una oropéndola, pero le falta brillo, intensión: no da en el aire su puñalada de sonoridad con la misma energía, no llena el ámbito de la manera que el otro, más bien se desliza subrepticiamente, medrosamente. También reconozco el nuevo clamor de fontana: pero ¡ay! da pena oirlo. ¿Es una fuente valetudinaria? Es un sonido como el otro, pero más entrecortado, más sollozante, menos rico de sones interiores, como apagado, como borroso: a veces no tiene fuerza para llegar a mi oído: es un pobre rumor débil que se cae en el camino.

Tal es la presencia de estos nuevos sonidos, tales son como meras impresiones. Pero yo, al escucharlos, no me he detenido a describir—según aquí he hecho—, su simple presencia. Sin necesidad de deliberar, apenas los oigo los envuelvo en un acto de interpretación ideal y los lanzo lejos de mí: los oigo como lejanos.

Si me limito a recibirlas pasivamente en mi audición, estas dos parejas de sonidos son igualmente presentes y próximas. Pero la diferente calidad sonora de ambas parejas me invita a que las distancie, atribuyéndoles distinta calidad espacial. Soy yo, pues, por un acto mío, quien las mantiene en una distensión virtual: si este acto faltara, la distancia desaparecería y todo ocuparía indistintamente un sólo plano.

Resulta de aquí que es la lejanía una cualidad virtual de ciertas cosas presentes, cualidad que sólo adquieren en virtud de un acto del sujeto. El sonido no es lejano, lo hago yo lejano.

Análogas reflexiones cabe hacer sobre la lejanía visual de los árboles, sobre las veredas que

avanzan buscando el corazón del bosque. Toda
esta profundidad de lontananza existe en virtud
de mi colaboración, nace de una estructura de relaciones que mi mente interpone entre unas sen-
saciones y otras.

Hay, pues, toda una parte de la realidad que se
nos ofrece sin más esfuerzo que abrir ojos y
oídos—el mundo de las puras impresiones—. Bien
que le llamemos mundo patente Pero hay un
trasmundo constituído por estructuras de impresiones, que si es latente con relación a aquél no
es, por ello, menos real. Necesitamos, es cierto,
para que este mundo superior exista ante nosotros, abrir algo más que los ojos, ejercitar actos
de mayor esfuerzo, pero la medida de este esfuerzo no quita ni pone realidad a aquél. El mundo
profundo es tan claro como el superficial, sólo que
exige más de nosotros.

4.

Trasmundos.

ESTE bosque benéfico que unge mi cuerpo de sa-
lud, ha proporcionado a mi espíritu una grande enseñanza. Es un bosque magistral, viejo como
deben ser los maestros, sereno y múltiple. Además practica la pedagogía de la alusión, única pedagogía delicada y fecunda. Quien quiera enseñarnos una verdad que no nos la diga: simplemente que aluda a ella con un breve gesto, gesto
que inicie en el aire una ideal trayectoria, desli-
zándonos por la cual lleguemos nosotros mismos
hasta los pies de la nueva verdad. Las verdades,
una vez sabidas, adquieren una costra utilitaria;
no nos interesan ya como verdades sino como recetas útiles. Esa pura iluminación subitánea que
caracteriza a la verdad, tiénela ésta sólo en el
instante de su descubrimiento. Por esto su nombre griego, *aletheia*—significó originariamente lo
mismo que después la palabra *apocalipsis*—, es
decir, descubrimiento, revelación, propiamente
desveiación, quitar de un velo o cubridor. Quien

quiera enseñarnos una verdad, que nos sitúe de
modo que la descubramos nosotros.

Me ha enseñado este bosque que hay un primer
plano de realidades el cual se impone a mí de una
manera violenta; son los colores, los sonidos, el
placer y dolor sensibles. Ante él mi situación es
pasiva. Pero tras esas realidades aparecen otras,
como en una sierra los perfiles de montañas más
altas cuando hemos llegado sobre los primeros
contrafuertes. Erigidos los unos sobre los otros,
nuevos planos de realidad, cada vez más profundos, más sugestivos, esperan que ascendamos a
ellos, que penetremos hasta ellos. Pero estas realidades superiores son más pudorosas: no caen
sobre nosotros como sobre presas. Al contrario,
para hacerse patentes nos ponen una condición·
que queramos su existencia y nos esforcemos
hacia ellas. Viven, pues, en cierto modo apoyadas
en nuestra voluntad. La ciencia, el arte, la justicia, la cortesía, la religión son órbitas de realidad
que no invaden bárbaramente nuestra persona
como hace el hambre o el frío; sólo existen para
quien tiene la voluntad de ellas.

Cuando dice el hombre de mucha fe que ve a
Dios en la campiña florecida y en la faz combada
de la noche — no se expresa más metafóricamente
que si hablara de haber visto una naranja. Si no

6

hubiera más que un ver pasivo quedaria el mundo
reducido a un caos de puntos luminosos. Pero
hay sobre el pasivo ver un ver activo, que interpreta viendo y ve interpretando, un ver que es
mirar. Platón supo hallar para estas visiones que
son miradas una palabra divina: las llamó *ideas*.
Pues bien, la tercera dimensión de la naranja no
es más que una idea y Dios es la última dimensión
de la campiña.

No hay en esto mayor cantidad de misticismo
que cuando decimos estar viendo un color desteñido. ¿Qué color vemos cuando vemos un color
desteñido? El azul que tenemos delante lo vemos
como habiendo sido otro azul más intenso y este
mirar el color actual con el pasado, a través del
que fué, es una visión activa que no existe para
un espejo, es una *idea*. La decadencia o desvaido
de un color es una cualidad nueva y virtual que le
sobreviene, dotándole de una como profundidad
temporal. Sin necesidad del discurso, en una visión única y momentánea descubrimos el color y
su historia, su hora de esplendor y su presente
ruina. Y algo en nosotros repite, de una manera
instantánea, ese mismo movimiento de caída, de
mengua; ello es que ante un color desteñido hallamos en nosotros como una pesadumbre.

La dimensión de profundidad, sea espacial o

de tiempo, sea visual o auditiva, se presenta siempre en una superficie. De suerte que esta superficie posee en rigor dos valores: el uno cuando la tomamos como lo que es materialmente; el otro cuando la vemos en su segunda vida virtual. En el último caso la superficie, sin dejar de serlo, se dilata en un sentido profundo. Esto es lo que llamamos escorzo.

El escorzo es el órgano de la profundidad visual; en él hallamos un caso límite donde la simple visión está fundida con un acto puramente intelectual

5.

Restauración y erudición.

En torno mío abre sus hondos flancos el bosque En mi mano está un libro: *Don Quijote,* una selva ideal.

He aquí otro caso de profundidad: la de un libro, la de este libro máximo. *Don Quijote* es el libro-escorzo por excelencia.

Ha habido una época de la vida española en que no se quería reconocer la profundidad del

Quijote. Esta época queda recogida en la historia con el nombre de Restauración. Durante ella llegó el corazón de España a dar el menor número de latidos por minuto.

Permítaseme reproducir aquí unas palabras sobre este instante de nuestra existencia colectiva, dichas en otra ocasión:

«¿Qué es la Restauración? Según Cánovas, la continuacion de la historia de España. Mal año para la historia de España si legítimamente valiera la Restauración como su secuencia! Afortunadamente es todo lo contrario. La Restauración significa la detención de la vida nacional. No había habido en los españoles durante los primeros cincuenta años del siglo xix complejidad, reflexión, plenitud de intelecto, pero había habido coraje, esfuerzo, dinamismo. Si se quemara los discursos y los libros compuestos en ese medio siglo y fueran sustituídos por las biografías de sus autores, saldríamos ganando ciento por uno. Riego y Narváez, por ejemplo, son como pensadores ¡la verdad! un par de desventuras; pero son como seres vivos dos altas llamaradas de esfuerzo.

Hacia el año 1854—que es donde en lo soterraño se inicia la Restauración—, comienzan a apagarse sobre este haz triste de España los esplendores de aquel incendio de energías; los dinamismos van viniendo luego a tierra como proyectiles que han cumplido su parábola; la vida española se repliega sobre sí misma, se hace hueco de sí misma. Este vivir el hueco de la propia vida fué la Restauración.

En pueblos de ánimo más completo y armónico que el nuestro, puede a una época de dinamismo suceder fecundamente una época de tranquilidad, de quietud, de éxtasis. El intelecto es el encargado de suscitar y organizar los intereses tranquilos y estáticos, como son el buen gobierno, la economía, el aumento de los medios, de la técnica. Pero ha sido la característica de nuestro pueblo haber brillado más como esforzado que como inteligente.

Vida española, digámoslo lealmente, vida española, hasta ahora, ha sido posible sólo como dinamismo.

Cuando nuestra nación deja de ser dinámica, cae de golpe en un hondísimo letargo y no ejerce más función vital que la de soñar que vive.

Así parece como que en la Restauración nada falta. Hay allí grandes estadistas, grandes pensadores, grandes generales, grandes partidos, grandes aprestos, grandes luchas: nuestro ejército en Tetuán combate con los moros lo mismo que en tiempo de Gonzalo de Córdoba; en busca del

Norte enemigo hienden la espalda del mar nuestras carenas, como en tiempos de Felipe II; Pereda es Hurtado de Mendoza y en Echegaray retoña Calderón. Pero todo esto acontece dentro de la órbita de un sueño; es la imágen de una vida donde sólo hay de real el acto que la imagina.

La Restauración, señores, fué un panorama de fantasmas, y Cánovas el gran empresario de la fantasmagoría» (1).

¿Cómo es posible, cómo es posible que se contente todo un pueblo con semejantes valores falsos? En el orden de la cantidad, es la unidad de medida lo mínimo; en el orden de los valores, son los valores máximos la unidad de medida. Sólo comparándolas con lo más estimable, quedan justamente estimadas las cosas. Conforme se van suprimiendo en la perspectiva de los valores los verdaderamente más altos, se alzan con esta dignidad los que les siguen. El corazón del hombre no tolera el vacío de lo excelente y supremo. Con palabras diversas viene a decir lo mismo el refrán viejo: «En tierra de ciegos, el tuerto es rey.» Los rangos van siendo ocupados de manera automática por cosas y personas cada vez menos compatibles con ellos.

_____

(1)   *Vieja y nueva política*, págs. 22-24.

Perdióse en la Restauración la sensibilidad para todo lo verdaderamente fuerte, excelso, plenario y profundo. Se embotó el órgano encargado de temblar ante la genialidad transeunte. Fué, como Nietzsche diría, una etapa de perversión en los instintos valoradores. Lo grande no se sentía como grande; lo puro no sobrecogía los corazones; la calidad de perfección y excelsitud era invisible para aquellos hombres, como un rayo ultravioleta Y fatalmente lo mediocre y liviano pareció aumentar su densidad. Las motas se hincharon como cerros y Núñez de Arce pareció un poeta.

Estúdiese la crítica literaria de la época; léase con detención a Menéndez Pelayo, a Valera, y se advertirá esta falta de perspectiva. De buena fe aquellos hombres aplaudían la mediocridad porque no tuvieron la experiencia de lo profundo (1). Digo experiencia, porque lo genial no es una expresión ditirámbica; es un hallazgo experimental, un fenómeno de experiencia religiosa. Schleiermacher encuentra la esencia de lo religioso en el sentimiento de pura y simple dependencia. El hombre,

(1) Estas palabras no implican por mi parte un desden caprichoso hacia ambos autores, que sería incorrecto. Señalan meramente un grave defecto de su obra que pudo coexistir con no pocas virtudes.

al ponerse en aguda intimidad consigo mismo, se
siente flotar en el universo sin dominio alguno sobre sí ni sobre lo demás; se siente dependiendo
absolutamente de algo—llámese a este algo como
se quiera. Pues bien; la mente sana queda, a lo
mejor, sobrecogida en sus lecturas o en la vida
por la sensación de una *absoluta* superioridad—
quiero decir, halla una obra, un carácter de quien
los límites trascienden por todos lados la órbita
de nuestra dominación comprensiva. El síntoma
de los valores máximos es la ilimitación (1).

En estas circunstancias, ¿cómo esperar que se
pusiera a Cervantes en su lugar? Allá fué el libro
divino mezclado eruditamente con nuestros fraile-
cicos místicos, con nuestros dramaturgos torrenciales, con nuestros líricos, desiertos sin flores.

Sin duda; la profundidad del *Quijote,* como toda
profundidad, dista mucho de ser palmaria. Del

(1) Hace poco tiempo—una tarde de primavera, caminando por una galiana de Extremadura, en un ancho paisaje de olivos, a quien daba unción dramática el vuelo
solemne de unas águilas, y, al fondo, el azul encorva-
miento de la sierra de Gata—, quiso Pío Baroja, mi entra-
ñable amigo, convencerme de que admiramos sólo lo que
no comprendemos, que la admiración es efecto de la im-
comprensión. No logró convencerme, y no habiéndolo
conseguido él, es difícil que me convenza otro. Hay, sí,
incomprensión en la raíz del acto admirativo, pero es una
incomprensión positiva: cuanto más comprendemos del
genio más nos queda por comprender.

mismo modo que hay un ver que es un mirar, hay un leer que es un *intelligere* o leer lo de dentro, un leer pensativo Sólo ante éste se presenta el sentido profundo del *Quijote.* Mas acaso, en una hora de sinceridad, hubieran coincidido todos los hombres representativos de la Restauración en definir el pensar con estas palabras: pensar, es buscarle tres pies al gato.

6.

Cultura mediterránea.

LAS impresiones forman un tapiz superficial, donde parecen desembocar caminos ideales que conducen hacia otra realidad más honda. La meditación es el movimiento en que abandonamos las superficies, como costas de tierra firme, y nos sentimos lanzados a un elemento más tenue, donde no hay puntos materiales de apoyo. Avanzamos atenidos a nosotros mismos, manteniéndonos en suspensión merced al propio esfuerzo dentro de un orbe etéreo habitado por formas ingrávidas. Una viva sospecha nos acompaña de que a la menor vacilación por nuestra parte, todo aquello se vendría abajo y nosotros con ello. Cuando meditamos, tiene que sostenerse el ánimo a toda tensión; es un esfuerzo doloroso e integral.

En la meditación, nos vamos abriendo un camino entre masas de pensamientos; separamos unos de otros los conceptos, hacemos penetrar nuestra mirada por el imperceptible intersticio que queda entre los más próximos, y una vez puesto cada uno en su lugar, dejamos tendidos resortes ideales que les impidan confundirse de nuevo. Así, podemos ir y venir a nuestro sabor por los paisajes de las ideas que nos presentan claros y radiantes sus perfiles.

Pero hay quien es incapaz de realizar este esfuerzo; hay quien, puesto a bogar en la región de las ideas, es acometido de un intelectual mareo. Ciérrale el paso un tropel de conceptos fundidos los unos con los otros. No halla salida por parte alguna; no ve sino una densa confusión en torno, una niebla muda y opresora.

Cuando yo era muchacho, leía, transido de fe, los libros de Menéndez Pelayo. En estos libros se habla con frecuencia de las «nieblas germánicas», frente a las cuales sitúa el autor «la claridad latina». Yo me sentía, de una parte, profundamente halagado; de otra, me nacía una compasión grande hacia estos pobres hombres del Norte, condenados a llevar dentro una niebla.

No dejaba de maravillarme la paciencia con que millones de hombres, durante miles de años, arrastraban su triste sino, al parecer sin quejas y hasta con algún contentamiento.

Más tarde he podido averiguar que se trata simplemente de una inexactitud, como otras tantas con que se viene envenenando a nuestra raza sin ventura No hay tales «nieblas germánicas», ni mucho menos tal «claridad latina». Hay sólo dos palabras que, si significan algo concreto, significan un interesado error.

Existe, efectivamente, una diferencia esencial entre la cultura germánica y la latina; aquélla es la cultura de las realidades profundas, y ésta la cultura de las superficies. En rigor, pues, dos dimensiones distintas de la cultura europea integral. Pero no existe entre ambas una diferencia de claridad.

Sin embargo, antes de ensayar la sustitución de esta antítesis: claridad-confusión, por esta otra: superficie-profundidad, es necesario cegar la fuente del error.

El error procede de lo que quisiéramos entender bajo las palabras «cultura latina».

Se trata de una ilusión dorada que nos anda

por dentro y con la cual queremos consolarnos—franceses, italianos y españoles—, en las horas de menoscabo. Tenemos la debilidad de creernos hijos de los dioses; el latinismo es un acueducto genealógico que tendemos entre nuestras venas y los riñones de Zeus. Nuestra latinidad es un pretexto y una hipocresía; Roma, en el fondo, nos trae sin cuidado. Las siete colinas son las localidades más cómodas que podemos tomar para descubrir a lo lejos el glorioso esplendor puesto sobre el mar Egeo, el centro de las divinas irradiaciones: Grecia. Esta es nuestra ilusión: nos creemos herederos del espíritu helénico.

Hasta hace cincuenta años solía hablarse indistintamente de Grecia y Roma como de los dos pueblos clásicos. De entonces acá, la filología ha caminado mucho: ha aprendido a separar delicadamente lo puro y esencial, de las imitaciones y mezclas bárbaras.

Cada día que pasa, afirma Grecia más enérgicamente su posición *hors ligne* en la historia del mundo. Este privilegio se apoya en títulos perfectamente concretos y definidos: Grecia ha inventado los temas sustanciales de la cultura europea y la cultura europea es el protagonista de la historia, mientras no exista otra superior.

Y cada nuevo avance en las investigaciones históricas separa más de Grecia el mundo oriental, rebajando el influjo directo que sobre los helenos parecía haber ejercido. Del otro lado, va haciéndose patente la incapacidad del pueblo romano para inventar temas clásicos; no ha colaborado con Grecia; en rigor, no llegó nunca a comprenderla. La cultura de Roma es, en los órdenes superiores, totalmente refleja—un Japón occidental. Sólo le quedaba el derecho, la musa ideadora de instituciones, y ahora resulta que también el derecho lo había aprendido de Grecia.

Una vez rota la cadena de tópicos que mantenía a Roma anclada en el Pireo, las olas del mar Jónico, de inquietud tan afamada, la han ido removiendo hasta soltarla en el Mediterráneo, como quien arroja de casa a un intruso.

Y ahora vemos que Roma no es más que un pueblo mediterráneo.

Con esto ganamos un nuevo concepto que sustituye al confuso e hipócrita de la cultura latina; hay, no una cultura latina, sino una cultura mediterránea. Durante unos siglos, la historia del mundo está circunscrita a la cuenca de este mar interior· es una historia costera donde intervienen los pueblos asentados en una breve zona próxima a la marina desde Alejandría a Calpe, desde Calpe a Barcelona, a Marsella, a Ostia, a Sicilia, a Creta (1). La onda de específica cultura empieza, tal vez, en Roma, y de allí se trasmite bajo la divina vibración del sol en mediodía a lo largo de la faja costera. Lo mismo, sin embargo, podía haber comenzado en cualquier otro punto de ésta. Es más, hubo un momento en que la suerte estuvo a punto de decidir la iniciativa en favor de otro pueblo, Cartago. En aquellas magníficas guerras—nuestro mar conserva en sus reflejos innumerables el recuerdo de aquellas espadas refulgentes de lumínica sangre solar—, en aquellas magníficas guerras luchaban dos pueblos idénticos en todo lo esencial. Probablemente no hubiera variado mucho la faz de los siglos siguientes si la victoria se hubiera transferido de Roma a Cartago. Ambas estaban del alma helénica a la misma absoluta distancia. Su posición geográfica era equivalente y no se habría desviado las grandes rutas del comercio. Sus propensiones espirituales eran también equivalentes: las mismas ideas habrían peregrinado por los mismos caminos mentales. En el fondo de nuestras entra-

(1) Para mí el punto en que nace este concepto de la cultura mediterránea —es decir, no latina—, es el problema histórico planteado por las relaciones entre la cultura cretense y la griega. En Creta desemboca la civilización oriental y se inicia otra que no es la griega. Mientras Grecia es cretense no es helénica.

ñas mediterráneas podíamos sustituir a Scipion por Aníbal sin que nosotros mismos notásemos la suplantación.

Nada hay de extraño, pues, si aparecen semejanzas entre las instituciones de los pueblos norteafricanos y los sudeuropeos.

Estas costas son hijas del mar, le pertenecen y viven de espaldas al interior. La unidad del mar funda la identidad de las costas fronteras.

La escisión que ha querido hacerse del mundo mediterráneo, atribuyendo distintos valores a la ribera del Norte y a la del Sur—es un error de perspectiva histórica. Las ideas Europa y Africa, como dos enormes centros de atracción conceptual, han reabsorbido las costas respectivas en el pensamiento de los historiadores. No se advirtió que cuando la cultura mediterránea era una realidad, ni Europa ni Africa existían Europa comienza cuando los germanos entran plenamente en el organismo unitario del mundo histórico. Africa nace entonces como la no-Europa, como το έτε-ρον de Europa. Germanizadas Italia, Francia y España, la cultura mediterránea deja de ser una realidad pura y queda reducida a un más o menos de germanismo.

Las rutas comerciales van desviándose del mar interior y transmigran lentamente hacia la

tierra firme de Europa: los pensamientos nacidos
en Grecia toman la vuelta de Germania. Después
de un largo sueño, las ideas platónicas despiertan
bajo los cráneos de Galileo, Descartes, Leibnitz
y Kant, germanos. El dios de Esquilo, más ético
que metafísico, repercute toscamente, fuertemente, en Lutero, la pura democracia ática en Rousseau y las musas del Partenon, intactas durante
siglos, se entregan un buen día a Donatello, y
Miguel Angel, mozos florentines de germánica
prosapia.

7.

Lo que dijo a Goethe un capitán.

Cuando se habla de una cultura específica, no
podemos menos de pensar en el sujeto que la
ha producido, en la raza; no hay duda que la diversidad de genios culturales arguye a la postre una
diferencia fisiológica de que aquélla en una u otra
forma proviene. Pero convendría hacer constar
que aunque lo uno lleve a lo otro, son, en rigor,
dos cuestiones muy distintas la de establecer tipos específicos de productos históricos—tipos de

ciencia, artes costumbres, etc.—y la de buscar, una vez hecho esto, para cada uno de ellos el esquema anatómico, o en general, biológico que le corresponde.

Hoy nos faltan por completo los medios para fijar relaciones de causa a efecto entre las razas como constituciones orgánicas, y las razas como maneras de ser históricas, como tendencias intelectuales, emotivas, artísticas, jurídicas, etc. Tenemos que contentarnos, y no es poco, con la operación meramente descriptiva de clasificar los hechos o productos históricos según el estilo o nota general que en ellos encontramos manifiesto.

La expresión «cultura mediterránea» deja, pues, por completo intacto el problema del parentesco étnico entre los hombres que vivieron y viven en las playas del mar interior. Sea cualquiera su afinidad, es un hecho que las obras de espíritu entre ellos suscitadas tienen unos ciertos caracteres diferenciales respecto a las griegas y germánicas. Sería una labor sumamente útil ensayar una reconstrucción de los rasgos primarios, de las modulaciones elementales que integran la cultura mediterránea. Al realizarla convendría no mezclar con aquéllos lo que la inundación germánica haya dejado en los pueblos que sólo durante unos siglos fueron puramente mediterráneos.

Quede tal investigación para algún filólogo, capaz de sensibilidad altamente científica: al presente yo no he de referirme sino a esta nota tópicamente admitida como aneja al llamado latinismo, ahora rebajado a mediterranismo: la claridad.

No hay—según el bosque me ha dicho en sus rumores—una claridad absoluta; cada plano u orbe de realidades tiene su claridad patrimonial. Antes de reconocer en la claridad un privilegio adscrito al Mediterráneo, sería oportuno preguntarse si la producción mediterránea es ilimitada; quiero decir, si hemos dejado caer sobre toda suerte de cosas, las gentes meridionales, esa nuestra doméstica iluminación.

La respuesta es obvia: la cultura mediterránea no puede oponer a la ciencia germánica—filosofía, mecánica, biología—productos propios. Mientras fué pura—es decir, desde Alejandro a la invasión bárbara—, la cosa no ofrece duda. Después, ¿con qué seguridad podemos hablar de latinos o mediterráneos? Italia, Francia, España, están anegadas de sangre germánica. Somos razas esencialmente impuras; por nuestras venas fluye una trágica contradicción fisiológica. Houston Chamberlain ha podido hablar de las razas caos.

Pero dejando a un lado, según es debido, todo este vago problema étnico, y admitiendo la producción ideológica llevada a cabo en nuestras tierras desde la Edad Media hasta hoy como relativamente mediterránea, encontramos sólo dos cimas ideológicas capaces de emular las magníficas cumbres de Germania: el pensamiento renacentista italiano y Descartes. Pues bien; dado que uno y otro fenómenos históricos no pertenezcan en lo esencial, como yo creo, al capital germánico, hemos de reconocer en ellos todas las virtudes, salvo la claridad. Leibniz o Kant o Hegel, son difíciles, pero son claros como una mañana de primavera; Giordano Bruno y Descartes, tal vez no sean del mismo modo difíciles, pero, en cambio, son confusos.

Si de estas alturas descendemos por las laderas de la ideología mediterránea, llegamos a descubrir que es característico de nuestros pensadores *latinos* una gentileza aparente, bajo la cual yacen, cuando no grotescas combinaciones de conceptos, una radical imprecisión, un defecto de elegancia mental, esa torpeza de movimientos que padece el organismo cuando se mueve en un elemento que no le es afín.

Una figura muy representativa del intelecto mediterráneo es Juan Bautista Vico; no puede ne-

gársele genio ideológico, pero quien haya entrado
por su obra, aprende de cerca lo que es un caos.

En el pensar, pues, no ha de buscarse la claridad latina, como no se llame claridad a esa vulgar
prolijidad del estilo francés, a ese arte del *deve-
loppement* que se enseña en los liceos.

Cuando Goethe bajó a Italia hizo algunas eta-
pas del viaje en compañía de un capitán italiano.
«Este capitán—dice Goethe—es un verdadero representante de muchos compatriotas suyos. He
aquí un rasgo que le caracteriza muy peculiar-
mente. Como yo a menudo permaneciera silen-
cioso y meditabundo, me dijo una vez: «Che pen-
sa! non deve mai pensar l'uomo, pensando s'in-
vecchia! Non deve fermarsi l'uomo in una sola
cosa perché allora divien matto; *bisogna aver
mille cose, una confusione nella testa*».

8.

La pantera o del sensualismo.

HAY, por el contrario, en el dominio de las artes plásticas, un rasgo que sí parece genuino
de nuestra cultura. «El arte griego se encuentra

en Roma—dice Wickhoff—frente a un arte común latino, basado en la tradición etrusca » El arte griego, que busca lo típico y esencial bajo las apariencias concretas, no puede afirmar su ideal conato frente a la voluntad de imitación ilusionista que halla desde tiempo inmemorial dominando en Roma (1).

Pocas noticias podían de la suerte que ésta sernos una revelación. La inspiración griega, no obstante su suficiencia estética y su autoridad, se quiebra al llegar a Italia contra un instinto artístico de aspiración opuesta. Y es éste tan fuerte e inequívoco, que no es necesario esperar para que se inyecte en la plástica helénica a que nazcan escultores autóctonos, el que hace el encargo ejerce de tal modo una espiritual presión sobre los artistas de Grecia arribados a Roma, que en las propias manos de éstos se desvía el cincel, y en lugar de lo ideal latente, va a fijar sobre el haz marmóreo lo concreto, lo aparente, lo individual.

Aquí tenemos desde luego iniciado lo que después va a llamarse impropiamente realismo y que, en rigor, conviene denominar impresionismo. Durante veinte siglos los pueblos del Mediterráneo

---

(1) *Franz Wickhoff-Werke,* tomo III, 52-53

enrolan sus artistas bajo esta bandera del arte
impresionista: con exclusivismo unas veces, tácita
y parcialmente otras, triunfa siempre la voluntad
de buscar lo sensible como tal. Para el griego lo
que vemos está gobernado y corregido por lo que
pensamos y tiene sólo valor cuando asciende a
símbolo de lo ideal. Para nosotros esta ascensión
es más bien un descender: lo sensual rompe sus
cadenas de esclavo de la idea y se declara independiente. El Mediterráneo es una ardiente y perpetua justificación de la sensualidad, de la apariencia, de las superficies, de las impresiones fugaces que dejan las cosas sobre nuestros nervios
conmovidos.

La misma distancia que hallamos entre un pensador mediterráneo y un pensador germánico,
volvemos a encontrarla si comparamos una retina
mediterránea con una retina germánica. Pero esta
vez la comparación decide en favor nuestro. Los
mediterráneos que no pensamos claro, vemos
claro. Si desmontamos el complicado andamiaje
conceptual, de alegoría filosófica y teológica que
forma la arquitectura de la «Divina Comedia» nos
quedan entre las manos fulgurando como piedras
preciosas unas breves imágenes, a veces aprisio-
nadas en el angosto cuerpo de un endecasílabo,
por las cuales renunciaríamos al resto del poema.

Son simples visiones sin transcendencia donde el poeta ha retenido la naturaleza fugitiva de un color, de un paisaje, de una hora matinal. En Cervantes esta potencia de visualidad es literalmente incomparable: llega a tal punto que no necesita proponerse la descripción de una cosa para que entre los giros de la narración se deslicen sus propios puros colores, su sonido, su íntegra corporeidad. Con razón exclamaba Flaubert aludiendo al «Quijote»· *Comme on voit ces routes d' Espagne qui ne sont nulle part decrites!* (1).

Si de una página de Cervantes nos trasladamos a una de Goethe—antes e independientemente de que comparemos el valor de los mundos creados por ambos poetas—percibimos una radical diferencia: el mundo de Goethe no se presenta de una manera inmediata ante nosotros. Cosas y personas flotan en una definitiva lejanía, son como el recuerdo o el ensueño de sí mismas.

Cuando una cosa tiene todo lo que necesita para ser lo que es, aun le falta un don decisivo· la apariencia, la actualidad. La frase famosa en que Kant combate la metafísica de Descartes—«treinta *thaler* posibles no son menos que treinta *thaler*

(1) *Correspondence*, II, 305.

reales»—es filosóficamente exacta pero a la vez equivale a una ingénua confesión de los límites propios al germanismo. Para un mediterráneo no es lo más importante la esencia de una cosa, sino su presencia, su actualidad: a las cosas preferimos la sensación viva de las cosas.

Los latinos han llamado a esto realismo. Como «realismo» es ya un concepto latino y no una visión latina, es un término exento de claridad. ¿De qué cosas—*res*—habla ese realismo? Mientras no distingamos entre las cosas y la apariencia de las cosas lo más genuino del arte meridional se escapará a nuestra comprensión.

También Goethe busca las cosas: como él mismo dice: «El órgano con que yo he comprendido el mundo es el ojo» (1), y Emerson agrega: *Goethe sees at every pore.*

Tal vez dentro de la limitación germánica puede valer Goethe como un visual, como un temperamento para quien lo aparente existe. Pero puesto en confrontación con nuestros artistas del Sur ese ver goethiano es más bien un pensar con los ojos.

Nos oculos eruditos habemus: (2) lo que en el

---

(1) *Verdad y Poesia*, libro 6.º
(2) Cicerón-De paradox.

ver pertenece a la pura impresión es incompara-
blemente más enérgico en el mediterráneo. Por
eso suele contentarse con ello: el placer de la visión, de recorrer, de palpar con la pupila la piel
de las cosas es el carácter diferencial de nuestro
arte. No se le llame realismo porque no consiste
en la acentuación de la *res,* de las cosas, sino de
la apariencia de las cosas. Mejor fuera denomi-
narlo aparentismo, ilusionismo, impresionismo.

Realistas fueron los griegos—pero realistas de
las cosas recordadas. La reminiscencia al alejar
los objetos los purifica e idealiza, quitándoles sobre todo esa nota de aspereza que aun lo más
dulce y blando posee cuando obra actualmente
sobre nuestros sentidos. Y el arte que se inicia en
Roma—y que podía haber partido de Cartago, de
Marsella o de Málaga—, el arte mediterráneo
busca precisamente esa áspera fiereza de lo presente como tal.

Un día del siglo i, a. de J. C., corrió por Roma
la noticia de que Pasiteles, el gran escultor según
nuestro gusto, había sido devorado por una pan-
tera que le servía de modelo. Fué el primer mártir. ¿Qué se cree? La claridad mediterránea tiene
sus mártires específicos. En el santoral de nuestra cultura podemos inscribir, desde luego, este
nombre: Pasiteles, mártir del sensualismo.

Porque así debiéramos, en definitiva, llamar la
clara aptitud adscrita a nuestro mar interior: sensualismo. Somos meros soportes de los órganos
de los sentidos: vemos, oímos, olemos, palpamos,
gustamos, sentimos el placer y el dolor orgáni-
cos... Con cierto orgullo repetimos la expresión
de Gautier: «el mundo exterior existe para nosotros».

¡El mundo exterior! Pero ¿es que los mundos in-
sensibles—las tierras profundas—no son también
exteriores al sujeto? Sin duda alguna: son exteriores y aún en grado eminente. La única diferencia está en que la «realidad»—la fiera, la pante-
ra—cae sobre nosotros de una manera violenta,
penetrándonos por las brechas de los sentidos
mientras la idealidad sólo se entrega a nuestro
esfuerzo. Y andamos en peligro de que esa invasión de lo externo nos desaloje de nosotros mismos, vacíe nuestra intimidad, y exentos de ella
quedemos transformados en postigos de camino real por donde va y viene el tropel de las
cosas.

El predominio de los sentidos arguye de ordinario falta de potencias interiores. ¿Qué es meditar comparado al ver? A penas herida la retina
por la saeta forastera, acude allí nuestra íntima,
personal energía, y detiene la irrupción. La im-

presión es filiada, sometida a civilidad, *pensada*
—y de este modo, entra a cooperar en el edificio
de nuestra personalidad.

9.

Las cosas y su sentido.

Toda esta famosa pendencia entre las nieblas
germánicas y la claridad latina viene a aquie-
tarse con el reconocimiento de dos castas de hombres: los meditadores y los sensuales. Para éstos
es el mundo una reverberante superficie: su reino
es el haz esplendoroso del universo—*facies totius
mundi,* que Spinoza decía. Aquéllos, por el contrario, viven en la dimensión de profundidad.

Como para el sensual el órgano es la retina, el
paladar, las pulpas de los dedos, etc., el medita-
dor posee el órgano del concepto. El concepto es
el órgano normal de la profundidad.

Antes me he fijado principalmente en la profundidad temporal—que es el pasado, y en la espacial—, que es la lejanía. Pero ambas no son más
que dos ejemplos, dos casos particulares de pro-

fundidad. ¿En qué consiste ésta tomada *in gene-
re?* En forma de alusión queda ya indicado cuando oponía el mundo patente de las puras impresiones a los mundos latentes constituídos por estructuras de impresiones. Una estructura es una
cosa de segundo grado, quiero decir, un conjunto
de cosas o simples elementos materiales, más un
orden en que esos elementos se hallan dispuestos.
Es evidente que la realidad de ese orden tiene un
valor, una significación distintos de la realidad
que poseen sus elementos. Este fresno es verde y
está a mi derecha: el ser verde y el estar a mi derecha son cualidades que él posee, pero su posesión no significa lo mismo con respecto a la una y
a la otra. Cuando el sol caiga por detrás de estos
cerros, yo tomaré una de estas confusas sendas
abiertas como surcos ideales en la alta grama.
Cortaré al paso unas menudas flores amarillas que
aquí crecen lo mismo que en los cuadros primiti-
vos, y moviendo mis pasos hacia el monasterio,
dejaré el bosque solitario, mientras allá en su fondo vierte el cuco sobre el paisaje su impertinen-
cia vespertina. Entonces este fresno seguirá siendo verde, pero habrá quedado desposeído de la
otra cualidad, no estará ya a mi derecha. Los colores son cualidades materiales; derecha e izquier-
da, cualidades relativas que sólo poseen las cosas

en relación unas con otras. Pues bien, las cosas trabadas en una relación forman una estructura.

¿Cuán poca cosa sería una cosa si fuera sólo lo que es en el aislamiento? ¡Qué pobre, qué yerma, qué borrosa! Diríase que hay en cada una cierta secreta potencialidad de ser mucho más, la cual se liberta y expansiona cuando otra u otras entran en relación con ella. Diríase que cada cosa es fecundada por las demás, diríase que se desean como machos y hembras, diríase que se aman y aspiran a maridarse, a juntarse en sociedades, en organismos, en edificios, en mundos. Eso que llamamos «Naturaleza» no es sino la máxima estructura en que todos los elementos materiales han entrado. Y es obra de amor naturaleza, porque significa generación, engendro de las unas cosas en las otras, nacer la una de la otra donde estaba premeditada, preformada, virtualmente inclusa.

Cuando abrimos los ojos—se habrá observado —hay un primer instante en que los objetos penetran convulsos dentro del campo visual. Parece que se ensanchan, se estiran, se descoyuntan como si fueran de una corporeidad gaseosa a quien una ráfaga de viento atormenta. Mas poco a poco entra el orden. Primero se aquietan y fijan las cosas que caen en el centro de la visión,

luego las que ocupan los bordes. Este aquieta-
miento y fijeza de los contornos procede de nuestra atención que las ha ordenado, es decir, que
ha tendido entre ellas una red de relaciones. Una
cosa no se puede fijar y confinar más que con
otras. Si seguimos atendiendo a un objeto este se
irá fijando más porque iremos hallando en él más
reflejos y conexiones de las cosas circundantes.
El ideal sería hacer de cada cosa centro del universo.

Y esto es la profundidad de algo: lo que hay en
ello de reflejo de lo demás, de alusión a lo demás.
El reflejo es la forma más sensible de existencia
virtual de una cosa en otra. El «sentido» de una
cosa es la forma suprema de su coexistencia con
las demás, es su dimensión de profundidad. No,
no me basta con tener la materialidad de una
cosa, necesito, además, conocer el «sentido» que
tiene, es decir, la sombra mística que sobre ella
vierte el resto del universo.

Preguntémonos por el sentido de las cosas—o
lo que es lo mismo, hagamos de cada una el centro virtual del mundo.

Pero ¿no es esto lo que hace el amor? Decir de
un objeto que lo amamos y decir que es para nosotros centro del universo, lugar donde se anudan
los hilos todos cuya trama es nuestra vida, nues-

tro mundo, ¿no son expresiones equivalentes?
¡Ah! Sin duda, sin duda La doctrina es vieja y
venerable. Platón ve en el «eros» un ímpetu que
lleva a enlazar las cosas entre sí; es—dice—una
fuerza unitiva y es la pasión de la síntesis. Por
esto, en su opinión, la filosofía, que busca el
sentido de las cosas, va inducida por el «eros»
La meditación es ejercicio erótico. El concepto
rito amoroso.

Un poco extraña parece, acaso, la aproxima-
ción de la sensibilidad filosófica a esta inquietud
muscular y este súbito hervor de la sangre que
experimentamos cuando una moza valiente pasa
a nuestra vera hiriendo el suelo con sus tacones.
Extraña y equívoca y peligrosa, tanto para la filosofía como para nuestro trato con la mujer.
Pero, acaso, lleva razón Nietzsche cuando nos
envía su grito ¡Vivid en peligro!

Dejemos la cuestión para otra coyuntura (1).
Ahora nos interesa notar que si la impresión de
una cosa nos da su materia, su carne, el concepto contiene todo aquéllo que esa cosa es en rela-

(1) Un amplio desarrollo de estas relaciones entre el
pensar, la atención y el amor, así como de las distancias
entre el amor y el impulso sexual—puede verse en el libro en preparación *La estética de «Myo Cid»*—capítulo VI:
«Diálogo del amor a orillas del Duero».

ción con las demás, todo ese superior tesoro con que queda enriquecido un objeto cuando entra a formar parte de una estructura.

Lo que hay entre las cosas es el contenido del concepto. Ahora bien, entre las cosas hay, por lo pronto, sus límites.

¿Nos hemos preguntado alguna vez dónde están los límites del objeto? ¿Están en él mismo? Evidentemente no. Si no existiera más que un objeto aislado y señero, sería ilimitado. Un objeto acaba donde otro empieza. ¿Ocurrirá, entonces, que el límite de una cosa está en la otra? Tampoco, porque esta otra necesita, a su vez, ser limitada por la primera. ¿Dónde pues?

Hegel escribe que donde está el límite de una cosa no está esta cosa. Según esto los límites son como nuevas cosas virtuales que se interpolan e interyectan entre las materiales, naturalezas esquemáticas cuya misión consiste en marcar los confines de los seres, aproximarlos para que convivan y a la vez distanciarlos para que no se confundan y aniquilen. Esto es el concepto: no más, pero tampoco menos. Merced a él las cosas se respetan mutuamente y pueden venir a unión sin invadirse las unas a las otras.

10.

El concepto.

Conviene a todo el que ame honrada, profundamente la futura España, suma claridad en este asunto de la misión que atañe al concepto. A primera vista, es cierto, parece tal cuestión demasiado académica para hacer de ella un menester nacional. Mas sin renunciar a la primera vista de una cuestión, ¿por qué no hemos de aspirar a una segunda y a una tercera vista?

Sería, pues, oportuno que nos preguntásemos: cuando además de estar viendo algo, tenemos su concepto, ¿qué nos proporciona éste sobre aquella visión? Cuándo sobre el sentir el bosque en torno nuestro como un misterioso abrazo, tenemos el concepto del bosque, ¿qué salimos ganando? Por lo pronto, se nos presenta el concepto como una repetición o reproducción de la cosa misma, vaciada en una materia espectral. Pensamos en lo que los egipcios llamaban el *doble* de cada ser, umbrátil duplicación del organismo Comparado con la cosa misma, el concepto no es

8

más que un espectro o menos aún que un espectro.

Por consiguiente, a nadie que esté en su juicio
le puede ocurrir cambiar su fortuna en cosas por
una fortuna en espectros. El concepto no puede
ser como una nueva cosa sutil destinada a suplan-
tar las cosas materiales. La misión del concepto
no estriba, pues, en desalojar la intuición, la impresión real. La razón no puede, no tiene que aspirar a sustituir la vida.

Esta misma oposición, tan usada hoy por los
que no quieren trabajar, entre la razón y la vida
es ya sospechosa. ¡Cómo si la razón no fuera una
función vital y espontánea del mismo linaje que el
ver o el palpar!

Avancemos un poco más. Lo que da al concepto ese carácter espectral, es su contenido esquemático. De la cosa retiene el concepto meramente
el esquema. Ahora bien; en un esquema poseemos
sólo los límites de la cosa, la caja lineal donde la
materia, la sustancia real de la cosa queda inscrita. Y estos límites, según se ha indicado, no
significan más que la relación en que un objeto se
halla respecto de los demás. Si de un mosáico
arrancamos uno de sus trozos, nos queda el perfil
de éste en forma de hueco, limitado por los trozos
confinantes. Del mismo modo el concepto expresa

el lugar ideal, el ideal hueco que corresponde a cada cosa dentro del sistema de las realidades. Sin el concepto, no sabríamos bien dónde empieza ni dónde acaba una cosa; es decir, las cosas como impresiones son fugaces, huideras, se nos van de entre las manos, no las poseemos. Al atar el concepto, unas con otras las fija y nos las entrega prisioneras. Platón dice que las impresiones se nos escapan si no las ligamos con la razón, como, según la leyenda, las estatuas de Demetrios huían nocturnamente de los jardines si no se las ataba

Jamás nos dará el concepto lo que nos da la impresión, a saber: la carne de las cosas. Pero esto no obedece a una insuficiencia del concepto, sino a que el concepto no pretende tal oficio Jamás nos dará la impresión lo que nos da el concepto, a saber: la forma, el sentido físico y moral de las cosas.

De suerte que, si devolvemos a la palabra percepción su valor etimológico, donde se alude a coger, apresar—el concepto será el verdadero nstrumento u órgano de la percepción y apresamiento de las cosas.

Agota, pues, su misión y su esencia, con ser no una nueva cosa, sino un órgano o aparato *para* la posesión de las cosas.

Muy lejos nos sentimos hoy del dogma hegelia-
no, que hace del pensamiento sustancia última de
toda realidad. Es demasiado ancho el mundo y
demasiado rico para que asuma el pensamiento la
responsabilidad de cuanto en él ocurre. Pero al
destronar la razón, cuidemos de ponerla en su lugar. No todo es pensamiento, pero sin él no poseemos nada con plenitud.

Esta es la adehala que sobre la impresión nos
ofrece el concepto; cada concepto es literalmente
un órgano con que captamos las cosas. Sólo la
visión mediante el concepto es una visión completa; la sensación nos da sólo la materia difusa y
plasmable de cada objeto; nos da la impresión de
las cosas, no las cosas.

11.

Cultura. — Seguridad.

Sólo cuando algo ha sido pensado, cae debajo
de nuestro poder. Y sólo cuando están sometidas las cosas elementales, podemos adelantar-
nos hacia las más complejas.

Toda progresión de dominio y aumento de territorios morales, supone la tranquila, definitiva posesión de otros donde nos apoyemos. Si nada es seguro bajo nuestras plantas, fracasarán todas las conquistas superiores.

Por esto una cultura impresionista está condenada a no ser una cultura progresiva. Vivirá de modo discontinuo, podrá ofrecer grandes figuras y obras aisladas a lo largo del tiempo, pero todas retenidas en el mismo plano. Cada genial impresionista vuelve a tomar el mundo de la nada, no allí donde otro genial antecesor lo dejó.

¿No es esta la historia de la cultura española? Todo genio español ha vuelto a partir del caos, como si nada hubiera sido antes. Es innegable que a esto se debe el carácter bronco, originario, áspero de nuestros grandes artistas y hombres de acción. Sería incomprensivo desdeñar esta virtud, sería necio, tan necio como creer que con esa virtud basta, que esa virtud es toda la virtud.

Nuestros grandes hombres se caracterizan por una psicología de adanes. Goya es Adan—un primer hombre.

El espíritu de sus cuadros—cambiando la indumentaria y lo más externo de la técnica—sería transferible al siglo x después de Jesucristo, y aun al siglo x antes de Jesucristo. Encerrado en la cueva de Altamira, Goya hubiera sido el pintor de

los *uros* o toros salvajes. Hombre sin edad, ni
historia, Goya representa—como acaso España—
una forma paradógica de la cultura: la cultura
salvaje, la cultura sin ayer, sin progresión, sin seguridad; la cultura en perpetua lucha con lo elemental, disputando todos los días la posesión del
terreno que ocupan sus plantas. En suma, cultura
fronteriza (1).

No se dé a estas palabras ningún sentido esti-
mativo. Yo no pretendo decir ahora que la cultura española valga menos ni más que otra. No se
trata de avalorar, sino de comprender lo español.
Desertemos de la vana ocupación ditirámbica con
que los eruditos han tratado los hechos españoles.
Ensayemos fórmulas de comprensión e inteligencia; no sentenciemos, no tasemos. Sólo así podrá
llegar un día en que sea fecunda la afirmación de
españolismo.

El caso Goya ilumina perfectamente lo que ahora intento decir. Nuestra emoción—me refiero a
la emoción de quien sea capaz de emociones sinceras y hondas—es acaso fuerte y punzante ante
sus lienzos, pero no es segura. Un día nos arre-
bata en su frenético dinamismo, y otro día nos

(1) Véase en *La Estética de «Myo Cid»* la exposición
de esta idea y un ensayo panorámico sobre la cultura de
España interpretada como cultura fronteriza.

irrita con su caprichosidad y falta de sentido. Es siempre problemático lo que vierte el atroz aragonés en nuestros corazones

Pudiera ocurrir que esta indocilidad fuera el síntoma de todo lo definitivamente grande. Pudiera ocurrir todo lo contrario. Pero es un hecho que los productos mejores de nuestra cultura contienen un equívoco, una peculiar inseguridad.

En cambio, la preocupación que, como un nuevo temblor, comienza a levantarse en los pechos de Grecia para extenderse luego sobre las gentes del continente europeo, es la preocupación por la seguridad, la firmeza—$\tau\grave{o}$ $\alpha\sigma\varphi\alpha\lambda\acute{\eta}\varsigma$—(1). Cultura— meditan, prueban, cantan, predican, sueñan los hombres de ojos negros en Jonia, en Ática, en Sicilia, en la magna Grecia—es lo firme frente a lo vacilante, es lo fijo frente a lo huidero, es lo claro frente a lo oscuro. Cultura no es la vida toda, sino sólo el momento de seguridad, de firmeza, de claridad. E inventan el concepto como instrumento, no para sustituir la espontaneidad vital, sino para asegurarla

(1) Platón, véase *Fedon,* 100 D, 101 D.

12.

La luz como imperativo.

UNA vez reducida a su punto la misión del concepto, una vez manifiesto que no podrá nunca darnos la carne del universo, no corro el riesgo de parecer demasiado intelectualista si cerceno
levemente lo dicho más arriba sobre las varias
suertes de claridad. Hay ciertamente una peculiar manera de ser claras las superficies y otra de
ser claro lo profundo. Hay claridad de impresión
y claridad de meditación.

Sin embargo, ya que se nos presenta la cuestión en tono de polémica, ya que con la supuesta
claridad latina se quiere negar la claridad germánica no puedo menos de confesar todo mi pensamiento.

Mi pensamiento—¡y no sólo mi pensamiento!—
tiende a recoger en una fuerte integración toda
la herencia familiar. Mi alma es oriunda de padres conocidos: yo no soy sólo mediterráneo. No
estoy dispuesto a confinarme en el rincón ibero

de mí mismo. Necesito toda la herencia para que mi corazón no se sienta miserable. Toda la herencia y no sólo el haz de áureos reflejos que vierte el sol sobre la larga turquesa marina. Vuelcan mis pupilas dentro de mi alma las visiones luminosas; pero del fondo de ella se levantan a la vez enérgicas meditaciones. ¿Quién ha puesto en mi pecho estas reminiscencias sonoras, donde—como en un caracol—perviven las voces íntimas que da el viento en los senos de las selvas germánicas? ¿Por qué el español se obstina en vivir anacrónicamente consigo mismo? ¿Por qué se olvida de su herencia germánica? Sin ella—no haya duda— padecería un destino equívoco. Detrás de las facciones mediterráneas parece esconderse el gesto asiático o africano, y en éste—en los ojos, en los labios asiáticos o africanos — yace como sólo adormecida la bestia infrahumana, presta a invadir la entera fisonomía

Y hay en mí una sustancial, cósmica aspiración a levantarme de la fiera como de un lecho sangriento.

No me obliguéis a ser sólo español si español sólo significa para vosotros hombre de la costa reverberante. No metáis en mis entrañas guerras civiles: no azucéis al ibero que va en mí con sus ásperas, hirsutas pasiones contra el blondo germano, meditativo y sentimental, que alienta en la zona crepuscular de mi alma. Yo aspiro a poner paz entre mis hombres interiores y los empujo hacia una colaboración.

Para esto es necesario una jerarquía. Y entre las dos claridades es menester que hagamos la una eminente.

Claridad significa tranquila posesión espiritual, dominio suficiente de nuestra conciencia sobre las imágenes, un no padecer inquietud ante la amenaza de que el objeto apresado nos huya.

Pues bien; esta claridad nos es dada por el concepto. Esta claridad, esta seguridad, esta plenitud de posesión transcienden a nosotros de las obras continentales y suelen faltar en el arte, en la ciencia, en la política españolas. Toda labor de cultura es una interpretación—esclarecimiento, explicación o exégesis—de la vida. La vida es el texto eterno, la retama ardiendo al borde del camino donde Dios da sus voces. La cultura—arte o ciencia o política—es el comentario, es aquel modo de la vida en que, refractándose esta dentro de sí misma, adquiere pulimento y ordenación. Por esto no puede nunca la obra de cultura conservar el carácter problemático anejo a todo lo simplemente vital. Para dominar el indócil torrente de la vida medita el sabio, tiembla el poeta y levanta la barbacana de su voluntad el héroe político. ¡Bueno fuera que el producto de todas estas solicitudes no llevara a más que a duplicar el problema del universo! No, no; el hombre tiene una misión de claridad sobre la tierra. Esta misión no le ha sido revelada por un Dios ni le es impuesta desde fuera por nadie ni por nada. La lleva dentro de sí, es la raíz misma de su constitución. Dentro de su pecho se levanta perpetuamente una inmensa ambición de claridad—como Goethe, haciéndose un lugar en la hilera de las altas cimas humanas, cantaba:

Yo me declaro del linaje de esos
Que de lo oscuro hacia lo claro aspiran.

Y a la hora de morir, en la plenitud de un día, cara a la primavera inminente, lanza en un clamor postrero un último deseo—la última saeta del viejo arquero ejemplar:

¡Luz, más luz!

Claridad no es vida, pero es la plenitud de la vida.

¿Cómo conquistarla sin el auxilio del concepto? Claridad dentro de la vida, luz derramada sobre las cosas es el concepto. Nada más. Nada menos.

Cada nuevo concepto es un nuevo órgano que
se abre en nosotros sobre una porción del mundo, tácita antes e invisible. El que os da una idea
os aumenta la vida y dilata la realidad en torno
vuestro. Literalmente exacta es la opinión platónica de que no miramos con los ojos, sino al través o por medio de los ojos; miramos con los conceptos (1). *Idea* en Platón quería decir punto de
vista.

Por el contrario, la superfetación de lo problemático, de lo oscuro de la vida hace de la religión
una forma insuficiente de la cultura. Frente a lo
problemático de la vida la cultura representa el
tesoro de los principios. Podremos disputar sobre
cuáles sean los principios suficientes para resolver
aquel problema; pero sean cualesquiera, tendrán
que ser principios. Y para poder ser algo principio
tiene que comenzar por no ser a su vez problema. Ahora bien, los principios religiosos son pro-
blemáticos en grado superior a la vida misma que
tratan de esclarecer y sustentar. Al fin y al cabo,
la vida se nos presenta como un problema; pero
como un problema, soluble, o cuando menos, no
insoluble. La religión nos propone que lo expli-
quemos por medio de misterios—es decir—de

_____

(1) Véase el diálogo *Teetetos.*

problemas formalmente insolubles. El misterio nos lleva de lo oscuro a lo tenebroso. El misterio es la lujuria de la oscuridad.

13.

Integración.

L A obra de arte no tiene menos que las restantes formas del espíritu, esta misión esclarecedora, si se quiere *luciferina*. Un estilo artístico que no contenga la clave de la interpretación de sí mismo, que consista en una mera reacción de una parte de la vida—el corazón individual—al resto de ella producirá sólo valores equívocos. Hay en los grandes estilos como un ambiente estelar o de alta sierra en que la vida se refracta vencida y superada, transida de claridad. El artista no se ha limitado a dar versos como flores en Marzo el almendro; se ha levantado sobre sí mismo, sobre su espontaneidad vital; se ha cernido en majestuosos giros aguileños sobre su propio corazón y la existencia en derredor. Al través de sus ritmos, de sus armonías de color y de línea, de sus percepciones y sus sentimientos descubrimos en él un fuerte poder de reflexión, de meditación. Bajo las formas más diversas, todo grande estilo encierra un fulgor de mediodía y es serenidad vertida sobre las borrascas.

Esto ha solido faltar en nuestras producciones castizas. Nos encontramos ante ellas como ante la vida. ¡He ahí su grande virtud!—se dice. ¡He ahí su grave defecto!—respondo yo. Para vida, para espontaneidad, para dolores y tinieblas me bastan con los míos, con los que ruedan por mis venas; me basto yo con mi carne y mis huesos y la gota de fuego sin llama de mi conciencia puesta sobre mi carne y sobre mis huesos. Ahora necesito claridad, necesito sobre mi vida un amanecer. Y estas obras castizas son meramente una ampliación de mi carne y de mis huesos y un horrible incendio que repite el de mi ánimo. Son como yo, y yo voy buscando algo que sea más que yo—más seguro que yo.

Representamos en el mapa moral de Europa el extremo predominio de la impresión. El concepto no ha sido nunca nuestro elemento. No hay duda que seríamos infieles a nuestro destino si abandonáramos la enérgica afirmación de impresionismo yacente en nuestro pasado. Yo no propongo ningún abandono, sino todo lo contrario: una integración.

Tradición castiza no puede significar, en su mejor sentido, otra cosa que lugar de apoyo para las vacilaciones individuales—una tierra firme para el espíritu. Esto es lo que no podrá nunca ser nuestra cultura si no afirma y organiza su sensualismo en el cultivo de la meditación.

El caso del *Quijote* es, en este como en todo orden, verdaderamente representativo. ¿Habrá un libro más profundo que esta humilde novela de aire burlesco? Y, sin embargo, ¿qué es el *Quijote*? ¿Sabemos bien lo que de la vida aspira a sugerirnos? Las breves iluminaciones que sobre él han caído proceden de almas extranjeras: Schelling, Heine, Turgeñef... Claridades momentáneas e insuficientes. Para esos hombres era el *Quijote* una divina curiosidad: no era, como para nosotros, el problema de su destino.

Seamos sinceros: el *Quijote* es un equívoco. Todos los ditirambos de la elocuencia nacional no han servido de nada. Todas las rebuscas eruditas en torno a la vida de Cervantes no han aclarado ni un rincón del colosal equívoco. ¿Se burla Cervantes? ¿Y de qué se burla? De lejos, sólo en la abierta llanada manchega la larga figura de Don Quijote se encorva como un signo de interrogación: y es como un guardián del secreto español, del equívoco de la cultura española. ¿De qué se burla este pobre alcabalero desde el fondo de una cárcel? ¿Y qué cosa es burlarse? ¿Es burla forzosamente una negación?

No existe libro alguno cuyo poder de alusiones simbólicas al sentido universal de la vida sea tan grande, y, sin embargo, no existe libro alguno en que hallemos menos anticipaciones, menos indicios para su propia interpretación. Por esto, confrontado con Cervantes, parece Shakespeare un ideólogo. Nunca falta en Shakespeare como un contrapunto reflexivo, una sutil línea de conceptos en que la comprensión se apoya.

Unas palabras de Hebbel, el gran dramaturgo alemán del pasado siglo, aclaran lo que intento ahora expresar: «Me he solido dar siempre cuenta en mis trabajos—dice—de un cierto fondo de ideas: se me ha acusado de que partiendo de él formaba yo mis obras; pero esto no es exacto. Ese fondo de ideas ha de entenderse como una cadena de montañas que cerrara el paisaje.» Algo así creo yo que hay en Shakespeare: una línea de conceptos puestos en el último plano de la inspiración como pauta delicadísima donde nuestros ojos se orientan mientras atravesamos su fantástica selva de poesía. Más o menos, Shakespeare se explica siempre a sí mismo.

¿Ocurre esto en Cervantes? ¿No es, acaso, lo

que se quiere indicar cuando se le llama realista, su retención dentro de las puras impresiones y su apartamiento de toda fórmula general e ideológica? ¿No es, tal vez, esto el don supremo de Cervantes?

Es, por lo menos, dudoso que haya otros libros españoles verdaderamente profundos. Razón de más para que concentremos en el *Quijote* la magna pregunta· Dios mío, ¿qué es España? En la anchura del orbe, en medio de las razas innumerables, perdida entre el ayer ilimitado y el mañana sin fin, bajo la frialdad inmensa y cósmica del parpadeo astral, ¿qué es esta España, este promontorio espiritual de Europa, ésta como proa del alma continental?

¿Dónde está—decidme—una palabra clara, una sóla palabra radiante que pueda satisfacer a un corazón honrado y a una mente delicada—una palabra que alumbre el destino de España?

¡Desdichada la raza que no hace un alto en la encrucijada antes de proseguir su ruta, que no se hace un problema de su propia intimidad; que no siente la heroica necesidad de justificar su destino, de volcar claridades sobre su misión en la historia!

El individuo no puede orientarse en el universo sino al través de su raza, porque va sumido en ella como la gota en la nube viajera.

9

14.

Parábola.

CUENTA Parny que en su viaje polar avanzó un
día entero en dirección Norte, haciendo ga-
lopar valientemente los perros de su trineo A la
noche verificó las observaciones para determinar
la altura a que se hallaba y, con gran sorpresa,
notó que se encontraba mucho más al Sur que de
mañana. Durante todo el día se había afanado
hacia el Norte corriendo sobre un inmenso tém-
pano a quien una corriente oceánica arrastraba
hacia el Sur.

15.

La crítica como patriotismo.

LO que hace problema a un problema es contener una contradicción real. Nada, en mi opinión, nos importa hoy tanto como aguzar nuestra

sensibilidad para el problema de la cultura española, es decir, sentir a España como contradicción. Quien sea incapaz de esto, quien no perciba el equívoco subterráneo sobre que pisan nuestras plantas, nos servirá de muy poco.

Conviene que nuestra meditación penetre hasta la última capa de conciencia étnica, que someta a análisis sus últimos tejidos, que revise todos los supuestos nacionales sin aceptar supersticiosamente ninguno

Dicen que toda la sangre puramente griega que queda hoy en el mundo, cabría en un vaso de vino. ¿Cuán difícil no será encontrar una gota de pura sangre helénica? Pues bien, yo creo que es mucho más difícil encontrar ni hoy ni en otro tiempo verdaderos españoles. De ninguna especie existen acaso ejemplares menos numerosos

Hay, es cierto, quienes piensan de otra suerte. Nace la discrepancia de que, usada tan a menudo, la palabra «español» corre el riesgo de no ser entendida en toda su dignidad. Olvidamos que es, en definitiva, cada raza un ensayo de una nueva manera de vivir, de una nueva sensibilidad. Cuando la raza consigue desenvolver plenamente sus energías peculiares, el orbe se enriquece de un modo incalculable: la nueva sensibilidad suscita nuevos usos e instituciones, nue-

va arquitectura y nueva poesía, nuevas ciencias
y nuevas aspiraciones, nuevos sentimientos y
nueva religión. Por el contrario, cuando una raza fracasa, toda esta posible novedad y aumento quedan irremediablemente nonnatos porque
la sensibilidad que los crea es intransferible. Un
pueblo es un estilo de vida, y como tal, consiste
en cierta modulación simple y diferencial que va
organizando la materia en torno. Causas exteriores desvían a lo mejor de su ideal trayectoria este
movimiento de organización creadora en que se
va desarrollando el estilo de un pueblo y el resultado es el más monstruoso y lamentable que cabe
imaginar. Cada paso de avance en ese proceso de
desviación soterra y oprime más la intención original, la va envolviendo en una costra muerta de
productos fracasados, torpes, insuficientes Cada
día es ese pueblo menos lo que tenía que haber
sido.

Como este es el caso de España, tiene que parecernos perverso un patriotismo sin perspectiva,
sin jerarquías, que acepta como español cuanto ha
tenido a bien producirse en nuestras tierras, con-
fundiendo las más ineptas degeneraciones con lo
que es a España esencial.

¿No es un cruel sarcasmo que luego de tres
siglos y medio de descarriado vagar, se nos pro-

ponga seguir la tradición nacional? ¡La tradición!
La realidad tradicional en España ha consistido
precisamente en el aniquilamiento progresivo de
la posibilidad España. No, no podemos seguir la
tradición. Español significa para mí una altísima
promesa que sólo en casos de extrema rareza ha
sido cumplida. No, no podemos seguir la tradición; todo lo contrario; tenemos que ir contra la
tradición, más allá de la tradición. De entre los
escombros tradicionales, nos urge salvar la primaria sustancia de la raza, el módulo hispánico,
aquel simple temblor español ante el caos. Lo
que suele llamarse España no es eso, sino justamente el fracaso de eso. En un grande, doloroso incendio habríamos de quemar la inerte apariencia tradicional, la España que ha sido, y luego,
entre las cenizas bien cribadas, hallaremos como
una gema iridiscente, la España que pudo ser.

Para ello será necesario que nos libertemos de
la superstición del pasado, que no nos dejemos
seducir por él como si España estuviese inscrita
en su pretérito. Los marinos mediterráneos ave-
riguaron que sólo un medio había para salvarse
del canto mortal que hacen las sirenas y era can-
tarlo del revés. Así los que amen hoy las posibilidades españolas tienen que cantar a la inversa la
leyenda de la historia de España, a fin de llegar

a su través hasta aquella media docena de lugares
donde la pobre víscera cordial de nuestra raza da
sus puros e intensos latidos.

Una de estas experiencias esenciales es Cervantes, acaso la mayor He aquí una plenitud española. He aquí una palabra que en toda ocasión
podemos blandir como si fuera una lanza. ¡Ah! Si
supiéramos con evidencia en qué consiste el estilo
de Cervantes, la manera cervantina de acercarse
a las cosas, lo tendríamos todo logrado. Porque
en estas cimas espirituales reina inquebrantable
solidaridad y un estilo poético lleva consigo una
filosofía y una moral, una ciencia y una política.
Si algún día viniera alguien y nos descubriera el
perfil del estilo de Cervantes, bastaría con que
prolongáramos sus líneas sobre los demás problemas colectivos para que despertáramos a nueva
vida Entonces, si hay entre nosotros coraje y
genio, cabría hacer con toda pureza el nuevo ensayo español.

Mas en tanto que ese alguien llega, contentémo-
nos con vagas indicaciones, más fervorosas que
exactas, procurando mantenernos a una distancia
respetuosa de la intimidad del gran novelista; no
vaya a ser que por acercarnos demasiado digamos
alguna cosa poco delicada o extravagante. Tal
aconteció en mi entender al más famoso maestro

de literatura española, cuando hace no muchos años pretendió resumir a Cervantes diciendo que su característica era... el buen sentido. Nada hay tan peligroso como tomarse estas confianzas con un semi-dios—aunque este sea un semi-dios alcabalero.

Tales fueron los pensamientos de una tarde de primavera en el boscaje que ciñe el monasterio del Escorial, nuestra gran piedra lírica. Ellos me llevaron a la resolución de escribir estos ensayos sobre el «Quijote».

El azul crepuscular había inundado todo el paisaje. Las voces de los pájaros yacían dormidas en sus menudas gargantas. Al alejarme de las aguas que corrían, entré en una zona de absoluto silencio. Y mi corazón salió entonces del fondo de las cosas, como un actor se adelanta en la escena para decir las últimas palabras dramáticas. Paf... paf... Comenzó el rítmico martilleo y por él se filtró en mi ánimo una emoción telúrica. En lo alto, un lucero latía al mismo compás, como si fuera un corazón sideral, hermano gemelo del mío y como el mío lleno de asombro y de ternura por lo maravilloso que es el mundo.

MEDITACIÓN
PRIMERA

(BREVE TRATADO DE LA NOVELA)

Vamos, primero, a pensar un poco sobre lo que parece más externo del Quijote. Se dice de él que es una novela; se añade, acaso con razón, que es la primera novela en el orden del tiempo y del valor. No pocas de las satisfacciones que halla en su lectura el lector contemporáneo, proceden de lo que hay en el Quijote común con un género de obras literarias, predilecto de nuestro tiempo. Al resbalar la mirada por las viejas páginas, encuentra un tono de modernidad que aproxima certeramente el libro venerable a nuestros corazones: lo sentimos, de nuestra más profunda sensibilidad, por. lo menos tan cerca como a Balzac, Dickens, Flaubert, Dostoyewsky, labradores de la novela contemporánea

Pero ¿qué es una novela?

Acaso anda fuera de la moda disertar sobre la esencia de los géneros literarios. Tiénese el asunto por retórico. Hay quien niega hasta la existencia de géneros literarios.

No obstante, nosotros, fugitivos de las modas y resueltos a vivir entre gentes apresuradas con una calma faraónica, vamos a preguntarnos: ¿qué es una novela?

1.

Géneros literarios.

La antigua poética entendía por géneros literarios ciertas reglas de creación a que el poeta había de ajustarse, vacíos esquemas, estructuras formales dentro de quienes la musa, como una abeja dócil, deponía su miel. En este sentido no hablo yo de géneros literarios. La forma y el fondo son inseparables y el fondo poético fluye libérrimamente sin que quepa imponerle normas abstractas.

Pero, no obstante, hay que distinguir entre fondo y forma: no son una misma cosa. Flaubert decía: la forma sale del fondo como el calor del fuego. La metáfora es exacta. Más exacto aún sería decir que la forma es el órgano y el fondo la función que lo va creando. Pues bien, los géneros literarios son las funciones poéticas, direcciones en que gravita la generación estética.

La propensión moderna a negar la distinción entre el fondo o tema y la forma o aparato expresivo de aquél, me parece tan trivial como su escolástica separación Se trata, en realidad, de la misma diferencia que existe entre una dirección y un camino. Tomar una dirección no es lo mismo que haber caminado hasta la meta que nos propusimos. La piedra que se lanza lleva en sí predispuesta la curva de su aérea excursión. Esta curva viene a ser como la explicación, desarrollo y cumplimiento del impulso original.

Así es la tragedia la expansión de un cierto tema poético fundamental y sólo de él, es la expansión de lo trágico. Hay, pues, en la forma lo mismo que había en el fondo, pero en aquélla está manifiesto, articulado, desenvuelto lo que en éste se hallaba con el carácter de tendencia o pura intención. De aquí proviene la inseparabilidad entre ambos, como que son dos momentos distintos de una misma cosa.

Entiendo, pues, por géneros literarios, a la inversa que la poética antigua, ciertos temas radicales, irreductibles entre sí, verdaderas categorías estéticas. La epopeya, por ejemplo, no es el nombre de una forma poética sino de un fondo poético sustantivo que en el progreso de su expansión o manifestación llega a la plenitud. La lírica no es un idioma convencional al que puede traducirse lo ya dicho en idioma dramático o novelesco, sino, a la vez, una cierta cosa a decir y la manera única de decirlo plenamente.

De uno u otro modo, es siempre el hombre el tema esencial del arte. Y los géneros entendidos como temas estéticos irreductibles entre sí, igualmente necesarios y últimos, son amplias vistas que se toman sobre las vertientes cardinales de lo humano. Cada época trae consigo una interpretación radical del hombre. Mejor dicho, no la trae consigo sino que cada época es eso. Por esto, cada época prefiere un determinado género.

2.

Novelas ejemplares.

DURANTE la segunda mitad del siglo XIX, las gentes de Europa se satisfacían leyendo novelas.

No hay duda de que cuando el transcurso del

tiempo haya cribado bien los hechos innumerables que compusieron esa época, quedará como un fenómeno ejemplar y representativo el triunfo de la novela.

Sin embargo, ¿es asunto claro qué deba entenderse en la palabra novela? Cervantes llamó «Novelas ejemplares» a ciertas producciones menores suyas. ¿No ofrece dificultades la comprensión de este título?

Lo de «ejemplares» no es tan extraño: esa sospecha de moralidad que el más profano de nuestros escritores vierte sobre sus cuentos, pertenece a la heroica hipocresía ejercitada por los hombres superiores del siglo XVII. Este siglo en que rinde sus cosechas áureas la gran siembra espiritual del Renacimiento, no halla empacho en aceptar la contrareforma y acude a los colegios de jesuitas. Es el siglo en que Galileo, después de instaurar la nueva física, no encuentra inconveniente en desdecirse cuando la iglesia romana le impone su áspera mano dogmática. Es el siglo en que Descartes, apenas descubre el principio de su método, que va a hacer de la teología *ancilla philosophiae,* corre a Loreto para agradecer a nuestra Señora la ventura de tal descubrimiento. Este siglo de católicos triunfos no es tan mala sazón que no puedan llegar, por vez pri-

mera, a levantarse en él los grandes sistemas ra-
cionalistas, formidables barbacanas erectas contra la fe. Vaya este recuerdo para los que, con en-
vidiable simplismo, cargan sobre la Inquisición
toda la culpa de que España no haya sido más me-
ditabunda.

Pero volvamos al título de novelas que da Cervantes a su colección. Yo hallo en ésta dos series
muy distintas de composiciones, sin que sea decir
que no interviene en la una algo del espíritu de
la otra. Lo importante es que prevalezca inequí-
vocamente una intención artística distinta en ambas series, que gravite en ellas hacia diversos
centros la generación poética. ¿Cómo es posible
introducir dentro de un mismo género *El amante
liberal, La española inglesa, La fuerza de la sangre, Las dos doncellas,* de un lado, y *Rinconete* y
El celoso extremeño de otro? Marquemos en pocas palabras la diferencia: en la primera serie nos
son referidos casos de amor y fortuna. Son hijos
que, arrancados al arbol familiar, quedan sometidos
a imprevistas andanzas; son mancebos que, arre-
batados por un vendaval erótico, cruzan vertigi-
nosos el horizonte como astros errantes y encen-
didos; son damiselas transidas y andariegas que
dan hondos suspiros en los cuartos de las ventas
y hablan en compás ciceroniano de su virginidad

maltrecha. A lo mejor, en una de tales ventas viene a anudarse tres o cuatro de estos hilos incandescentes tendidos por el azar y la pasión entre otras tantas parejas de corazones: con grande estupor del ambiente venteril sobrevienen entonces las más extraordinarias anagnórisis y coincidencias. Todo lo que en estas novelas se nos cuenta, es inverosimil y el interés que su lectura nos proporciona nace de su inverosimilitud misma. El *Persiles*, que es como una larga novela ejemplar de este tipo, nos garantiza que Cervantes quiso la inverosimilitud como tal inverosimilitud. Y el hecho de que cerrara con este libro su ciclo de creación, nos invita a no simplificar demasiado las cosas.

Ello es que los temas referidos por Cervantes en parte de sus novelas, son los mismos venerables temas inventados por la imaginación aria, muchos, muchos siglos hace Tantos siglos hace, que los hallaremos preformados en los mitos originales de Grecia y del Asia occidental. ¿Creéis que debemos llamar «novela» al género literario que comprende esta primera serie cervantina? No hay inconveniente, pero haciendo constar que este género literario consiste en la narración de sucesos inverosimiles, inventados, irreales.

Cosa bien distinta parece intentada en la otra

10

serie de que podemos hacer representante a *Rin-conete y Cortadillo*. Aquí apenas si pasa nada; nuestros ánimos no se sienten solicitados por dinámicos apasionamientos ni se apresuran de un párrafo al siguiente para descubrir el sesgo que toman los asuntos. Si se avanza un paso es con el fin de tomar nuevo descanso y extender la mirada en derredor. Ahora se busca una serie de visiones estáticas y minuciosas. Los personajes y los actos de ellos andan tan lejos de ser insólitos e increíbles que ni siquiera llegan a ser interesantes. No se me diga que los mozalbetes pícaros Rincón y Cortado; que las revueltas damas Gananciosa y Cariharta; que el rufian Repolido, etc., poseen en sí mismos atractivo alguno. Al ir leyendo, con efecto, nos percatamos de que no son ellos sino la representación que el autor nos da de ellos, quien logra interesarnos. Más aún: si no nos fueran indiferentes de puro conocidos y usuales, la obra conduciría nuestra emoción estética por muy otros caminos. La insignificancia, la indiferencia, la verosimilitud de estas criaturas, son aquí esenciales.

El contraste con la intención artística que manifiesta la serie anterior no puede ser más grande. Allí eran los personajes mismos y sus andanzas mismas motivo de la fruición estética: el escritor podía reducir al mínimo su intervención. Aquí, por el contrario, sólo nos interesa el modo cómo el autor deja reflejarse en su retina las vulgares fisonomías de que nos habla. No faltó a Cervantes clara conciencia de esta diversidad cuando escribe en el *Coloquio de los Perros*.

«Quiérote advertir de una cosa, de la cual verás la experiencia cuando te cuente los sucesos de mi vida, y es que los cuentos, unos encierran y tienen la gracia en ellos mismos; otros, en el modo de contarlos; quiero decir, que algunos hay, que aunque se cuenten sin preámbulos y ornamentos de palabras, dan contento; otros hay, que es menester vestirlos de palabras, y con demostraciones del rostro y de las manos, y con mudar la voz se hacen algo de nonada, y de flojos y desmayados se vuelven agudos y gustosos.»

¿Qué es, pués, novela?

3.

Épica.

UNA cosa es, por lo pronto, muy clara: lo que el lector de la pasada centuria buscaba tras el título «novela» no tiene nada que ver con lo que la edad antigua buscaba en la épica. Hacer de ésta derivarse aquélla, es cerrarnos el camino para comprender las vicisitudes del género novelesco, dado que por tal entendamos principalmente la evolución literaria que vino a madurar en la novela del siglo xix.

Novela y épica son justamente lo contrario. El tema de la épica es el pasado como tal pasado: háblasenos en ella de un mundo que fué y concluyó, de una edad mítica cuya antigüedad no es del mismo modo un pretérito que lo es cualquier tiempo histórico remoto. Cierto que la piedad local fué tendiendo unos hilos ténues entre los hombres y dioses homéricos y los ciudadanos del presente; pero esta red de tradiciones genealógicas no logra hacer viable la distancia absoluta que existe entre el *ayer* mítico y el hoy real. Por muchos *ayer* reales que interpolemos, el orbe habitado por los Aquiles y los Agamemnon no tiene comunicación con nuestra existencia y no podemos llegar a ellos paso a paso, desandando el camino hacia atrás que el tiempo abrió hacia adelante El pasado épico no es *nuestro* pasado. Nuestro pasado no repugna que lo consideremos como habiendo sido presente alguna vez. Mas el pasado épico huye de todo presente, y cuando queremos con la reminiscencia llegarnos hasta él, se aleja de nosotros galopando como los caballos de Diómedes, y mantiene una eterna, idéntica distancia. No es, no, el pasado del recuerdo, sino un pasado ideal.

Si el poeta pide a la *Mneme,* a la Memoria, que le haga saber los dolores aqueos, no acude a su memoria subjetiva, sino a una fuerza cósmica de recordar que supone latiendo en el universo. La *Mneme* no es la reminiscencia del individuo sino un poder elemental.

Esta esencial lejanía de lo legendario libra a los objetos épicos de la corrupción. La misma causa que nos impide acercarlos demasiado a nosotros y proporcionarles una excesiva juventud—la de lo presente—, conserva sus cuerpos inmunes a la obra de la vejez. Y el eterno frescor y la sobria fragancia perenne de los cantos homéricos, más bien que una tenaz juventud, sig-

nifican la incapacidad de envejecer. Porque la
vejez no lo sería si se detuviera. Las cosas se
hacen viejas porque cada hora, al transcurrir,
las aleja más de nosotros, y esto indefinidamente. Lo viejo es cada vez más viejo. Aquiles,
empero, está a igual distancia de nosotros que
de Platón.

4.

Poesía del pasado.

CONVIENE hacer almoneda de los juicios que
mereció Homero a la filología de hace cien
años. Homero no es la ingenuidad, ni es un temperamento de alborada. Nadie ignora hoy que la
Ilíada, por lo menos, nuestra *Ilíada,* no ha sido
nunca entendida por el pueblo. Es decir, que fué
desde luego una obra arcaizante. El rapsoda
compone en un lenguaje convencional que le so-
naba a él mismo como algo viejo, sacramental y
rudo. Las costumbres que presta a los personajes son también de vetusta aspereza.

¿Quién lo diría? Homero, un arcaizante!: la infancia de la poesía consistiendo en una ficción arqueológica! ¿Quién lo diría? Y no se trata meramente de que en la épica haya arcaísmo, sino de que la épica es arcaísmo, y esencialmente no es sino arcaísmo. El tema de la épica es el pasado ideal, la absoluta antigüedad, decíamos. Ahora añadimos que el arcaísmo es la forma literaria de la épica, el instrumento de poetización.

Esto me parece de una importancia suma para que veamos claro el sentido de la novela. Después de Homero fueron necesarios a Grecia muchos siglos hasta aceptar lo actual como posibilidad poética. En rigor no lo aceptó nunca *ex abundantia cordis*. Poético estrictamente era para Grecia sólo lo antiguo, mejor aún, lo primario en el orden del tiempo. No lo antiguo del romanticismo, que se parece demasiado a lo antiguo de los chamarileros y ejerce una atracción morbosa, suscitando pervertidas complacencias por lo que tiene de ruinoso, de carcomido, de fermentado, de caduco. Todas estas cosas moribundas contienen sólo una belleza refleja, y no son ellas, sino las nubes de emoción que su aspecto en nosotros levanta fuente de poesía. Mas para el griego fué belleza un atributo íntimo de las cosas esenciales: lo accidental y momentáneo le parecía exento de ella. Tuvieron un sentido racionalista de la

estética (1) que les impedía separar el valor poético de la dignidad metafísica. Bello juzgaban lo
que contiene en sí el origen y la norma, la causa
y el módulo de los fenómenos. Y este universo
cerrado del mito épico está compuesto exclusivamente de objetos esenciales y ejemplares que
fueron realidad cuando este mundo nuestro no
había comenzado aun a existir.

Del orbe épico al que nos rodea no había comunicación, compuerta ni resquicio. Toda esta
vida nuestra con su hoy y con su ayer pertenece
a una segunda etapa de la vida cósmica. Forma-
mos parte de una realidad sucedánea y decaída:
los hombres que nos rodean no lo son en el mismo
sentido que Ulises y Héctor. Hasta el punto que no
sabemos bien si Ulises y Héctor son hombres o
son dioses. Los dioses estaban entonces más al ni-
vel de los hombres, porque éstos eran divinos.
¿Dónde acaba el dios y empieza el hombre para
Homero? El problema revela la decadencia de
nuestro mundo. Las figuras épicas corresponden
a una fauna desaparecida, cuyo carácter es precisamente la indiferencia entre el dios y el hombre, por lo menos la contigüidad entre ambas es-

---

(1) El concepto de *proporción,* de *medida* que acude
siempre al labio heleno cuando habla de arte, ostenta
bien a la vista su musculatura matemática.

pecies. De aquél se llega a éste, sin más peldaño que el desliz de una diosa o la brama de un dios.

En suma, para los griegos son plenamente poéticas sólo las cosas que fueron primero, no por ser antiguas sino por ser las más antiguas, por contener en sí los principios y las causas (1). El *stock* de mitos que constituían a la vez la religión, la física y la historia tradicionales, encierra todo el material poético del arte griego en su buena época. El poeta tiene que partir de él, y dentro de él moverse, aunque sea—como los trágicos— para modificarlo. No cabe en la mente de estos hombres que pueda inventarse un objeto poético, como no cabría en la nuestra que se fantaseara una ley mecánica Con esto queda marcada la limitación de la épica y del arte griego en general, ya que hasta su hora de decadencia no logra éste desprenderse del útero mítico.

Homero cree que las cosas acontecieron como sus hexámetros nos refieren: el auditorio lo creía también. Más aún: Homero no pretende contar nada nuevo. Lo que él cuenta lo sabe ya el público, y Homero sabe que lo sabe. Su operación no es propiamente creadora y huye de sorprender al

(1) «Se creía que lo más sagrado es lo inmemorial, lo antiquísimo»—dice Aristóteles refiriéndose al pensamiento mítico Metafísica. 983, b 33.

que escucha. Se trata simplemente de una labor artística, más aún que poética, de una virtuosidad técnica. Yo no encuentro en la historia del arte otra intención más parecida a la que llevaba el rapsoda, que la resplandeciente en la puerta del baptisterio florentino labrada por Ghiberti. No son los objetos representados lo que a éste preocupa, sino que va movido por un loco placer de representar, de transcribir en bronce figuras de hombres, de animales, de árboles, de rocas, de frutos.

Así Homero. La mansa fluencia de la épica ribera, la calma rítmica con que por igual se atiende a lo grande y lo pequeño, sería absurda si imaginásemos al poeta preocupado en la invención de su argumento. El tema poético existe previamente de una vez para siempre: se trata sólo de actualizarlo en los corazones, de traerlo a plenitud de presencia. Por eso no hay absurdo en dedicar cuatro versos a la muerte de un héroe, y no menos que dos al cerrar de una puerta. El ama de Telémaco

«salió del aposento; del anillo de plata tirando,
tras sí cerró la puerta, y afianzó en la correa el cerrojo.»

5.

El Rapsoda.

Los tópicos estéticos de nuestra época pueden ser causa de que interpretemos mal esta fruición que en hacer ver los objetos bellos del pretérito sentía el quieto y el dulce ciego de Jonia. Puede ocurrírsenos, con efecto, llamarla realismo. ¡Terrible, incómoda palabra! ¿Qué haría con ella un griego si la deslizáramos en su alma? Para nosotros real es lo sensible, lo que ojos y oídos nos van volcando dentro: hemos sido educados por una edad rencorosa que había laminado el universo y hecho de él una superficie, una pura apariencia. Cuando buscamos la realidad, buscamos las apariencias. Mas el griego entendía por realidad todo lo contrario: real es lo esencial, lo profundo y latente; no la apariencia, sino las fuentes vivas de toda la apariencia. Plotino no pudo nunca determinarse a que le hicieran un retrato, porque era esto, según él, legar al mundo la sombra de una sombra.

El poeta épico, con la batuta en la mano, se alza
en medio de nosotros, su faz ciega se orienta vagamente hacia donde se derrama una mayor lumi-
nosidad; el sol es para él una mano de padre que
palpa en la noche las mejillas de un hijo; su cuerpo ha aprendido la torsión del heliotropo y aspira a coincidir con la amplia caricia que pasa. Sus
labios se extremecen un poco, como las cuerdas
de un instrumento que alguien templa. ¿Cuál es
su afán? Quisiera ponernos bien claras delante las
cosas que pasaron. Comienza a hablar. Pero no;
esto no es hablar, es recitar. Las palabras vienen
sometidas a una disciplina, y parecen desintegra-
das de la existencia trivial que llevaban en el hablar ordinario. Como un aparato de ascensión, el
hexámetro mantiene suspensos en un aire imaginario los vocablos e impide que con los pies toquen
en la tierra. Esto es simbólico. Esto es lo que
quiere el rapsoda: arrancarnos de la realidad cuo-
tidiana. Las frases son rituales, los giros solem-
nes y un poco hieratizados, la gramática milena-
ria. De lo actual toma sólo la flor: de cuando en
cuando una comparación extraída de los fenómenos cardinales, siempre idénticos, del cosmos—el
mar, el viento, las fieras, las aves—, inyecta en el
bloque arcaico la savia de actualidad estrictamente necesaria para que el pasado, como tal pasado,

se posesione de nosotros y desaloje el presente.

Tal es el ejercicio del rapsoda, tal su papel en el edificio de la obra épica. A diferencia del poeta moderno, no vive aquejado por el ansia de originalidad. Sabe que su canto no es suyo sólo. La conciencia étnica, forjadora del mito, ha cumplido antes que él naciera, el trabajo principal; ha creado los objetos bellos. Su papel queda reducido a la escrupulosidad de un artífice.

6.

Helena y Madama Bovary.

Yo no comprendo cómo un español, maestro de griego, ha podido decir que facilita la inteligencia de la *Iliada* imaginar la lucha entre los mozos de dos pueblos castellanos por el dominio de una garrida aldeana. Comprendo que a propósito de *Madame Bovary* se nos indicara que dirigiésemos nuestra atención hacia el tipo de una provinciana practicante del adulterio. Esto sería oportuno; el novelista consume su tarea cuando ha logrado presentarnos en concreto lo que en abstracto

conocíamos ya (1). Al cerrar el libro, decimos: «Así
son, en efecto, las provincianas adúlteras. Y estos
comicios agrícolas son, en verdad, unos comicios
agrícolas.» Con tal resultado hemos satisfecho al
novelista. Pero leyendo la *Iliada* no se nos ocurre
congratular a Homero, porque su Aquiles es efectivamente un buen Aquiles, un perfecto Aquiles,
y una Helena inconfundible su Helena. Las figuras épicas no son representantes de tipos, sino
criaturas únicas. Sólo un Aquiles ha existido y una
sola Helena; sólo una guerra al margen del Sca-
mandros. Si en la distraída mujer de Menelao cre-
yéramos ver una moza cualquiera, requerida de
amores enemigos, Homero habría fracasado. Porque su misión era muy circunscrita—no libre como
la de Ghiberti o Flaubert,—nos ha de hacer ver
esta Helena y este Aquiles, los cuales, por ventura, no se parecen a los humanos que solemos
hallar por los trivios.

La épica es primero invención de seres únicos,
de naturalezas «heroicas»: la centenaria fantasía
popular se encarga de esta primera operación. La
épica es luego realización, evocación plena de
aquellos seres: esta es la faena del rapsoda.

(1) «Ma pauvre *Bovary* sans doute souffre et pleure
dans vingts villages de France a la fois, a cette heure
même».—FLAUBERT: *Correspondance*, II, 284.

Con este largo rodeo hemos ganado, creo yo, alguna claridad, desde la cual nos sea patente el sentido de la novela. Porque en ella encontramos la contraposición al género épico. Si el tema de éste es el pasado, como tal pasado, el de la novela es la actualidad como tal actualidad. Si las figuras épicas son inventadas, si son naturalezas únicas e incomparables, que por sí mismas tienen valor poético, los personajes de la novela son típicos y extrapoéticos; tómanse, no del mito, que es ya un elemento o atmósfera estética y creadora, sino de la calle, del mundo físico, del contorno real vivido por el autor y por el lector. Una tercera claridad hemos logrado: el arte literario no es toda la poesía, sino sólo una actividad poética secundaria. El arte es la técnica, es el mecanismo de realización. Este mecanismo podrá y deberá en ocasiones ser realista; pero no forzosamente y en todos los casos. La apetencia de realismo, característica de nuestro tiempo, no puede levantarse al rango de una norma. Nosotros queremos la ilusión de la apariencia, pero otras edades han tenido otras predilecciones. Presumir que la especie humana ha querido y querrá siempre lo mismo que nosotros, sería una vanidad. No; dilatemos bien a lo ancho nuestro corazón para que coja en él todo aquello humano que nos es ajeno. Prefiramos so-

bre la tierra una indócil diversidad a una monóto-
na coincidencia.

7.

·

El mito, fermento de la historia.

L A perspectiva épica que consiste, según hemos visto, en mirar los sucesos del mundo
desde ciertos mitos cardinales, como desde cimas supernas, no muere con Grecia. Llega hasta
nosotros. No morirá nunca. Cuando las gentes
dejan de creer en la realidad cosmogónica e histórica de sus narraciones ha pasado, es cierto,
el buen tiempo de la raza helénica. Mas des-
cargados los motivos épicos, las simientes mí-
ticas de todo valor dogmático no sólo perdu-
ran como espléndidos fantasmas insustituíbles,
sino que ganan en agilidad y poder plástico.
Hacinados en la memoria literaria, escondidos en
el subsuelo de la reminiscencia popular, consti-
tuyen una levadura poética de incalculable energía. Acercad la historia verídica de un rey, de
Antioco, por ejemplo, o de Alejandro, a estas

materias incandescentes. La historia verídica comenzará a arder por los cuatro costados: lo normal y consuetudinario que en ella había perecerá indefectiblemente consumido. Después del incendio os quedará ante los ojos atónitos, refulgiendo como un diamante, la historia maravillosa de un mágico Apolonio (1), de un milagroso Alejandro. Esta historia maravillosa, claro es que no es historia: se la ha llamado novela. De este modo ha podido hablarse de la novela griega.

Ahora resulta patente el equívoco que en esta palabra existe. La novela griega no es más que historia corrompida, divinamente corrompida por el mito, o bien, como el viaje al país de los Arímaspes, geografía fantástica, recuerdos de viajes que el mito ha desconyuntado, y luego, a su sabor, recompuesto Al mismo género pertenece toda la literatura de imaginación, todo eso que se llama cuento, balada, leyenda y libros de caballerías. Siempre se trata de un cierto material histórico que el mito ha dislocado y reabsorbido.

No se olvide que el mito es el representante de un mundo distinto del nuestro. Si el nuestro es el real, el mundo mítico nos parecerá irreal. De to-

---

(1) La figura de Apolonio está hecha con material de la historia de Antíoco.

dos modos, lo que en uno es posible es imposible
en el otro; la mecánica de nuestro sistema plane-
tario no rige en el sistema mítico. La reabsorción
de un acontecimiento sublunar por un mito, consiste, pues, en hacer de él una imposibilidad física
e histórica. Consérvase la materia terrenal, pero
es sometida a un régimen tan diverso del vigente
en nuestro cosmos, que para nosotros equivale a
la falta de todo régimen.

Esta literatura de imaginación prolongará sobre la humanidad hasta el fin de los tiempos el influjo bienhechor de la épica, que fué su madre.
Ella duplicará el universo, ella nos traerá a menudo nuevas de un orbe deleitable, donde, si no con-
tinúan habitando los dioses de Homero, gobiernan
sus legítimos sucesores. Los dioses significan una
dinastía, bajo la cual lo imposible es posible. Donde ellos reinan, lo normal no existe; emana de su
trono omnímodo desorden. La constitución que
han jurado tiene un sólo artículo: *Se permite la
aventura.*

8.

Libros de Caballerías.

Cuando la visión del mundo que el mito proporciona es derrocada del imperio sobre las ánimas por su hermana enemiga la ciencia, pierde la épica su empaque religioso y toma a campo traviesa en busca de aventuras. Caballerías quiere decir aventuras: los libros de caballerías fueron el último grande retoñar del viejo tronco épico. El último hasta ahora, no simplemente el último.

El libro de caballerias, conserva los caracteres épicos, salvo la creencia en la realidad de lo contado (1). También en él se dan por antiguos, de una ideal antigüedad, los sucesos referidos. El tiempo del rey Ártus, como el tiempo de Maricastaña, son telones de un pretérito convencional que penden vaga, indecisamente, sobre la cronología.

_____

(1) Aún esto diría yo que, en cierto modo, se conserva Pero me vería obligado a escribir muchas páginas aquí innecesarias, sobre esa misteriosa especie de alucinación que yace, a no dudarlo, en el placer sentido cuando leemos un libro de aventuras.

Aparte los discreteos de algunos diálogos, el instrumento poético en el libro de caballerías es, como en la épica, la narración. Yo tengo que discrepar de la opinión recibida que hace de la narración el instrumento de la novela. Se explica esta opinión por no haber contrapuesto los dos géneros bajo tal nombre confundidos. El libro de imaginación narra; pero la novela describe. La narración es la forma en que existe para nosotros el pasado, y sólo cabe narrar lo que pasó, es decir, lo que ya no es. Se describe, en cambio, lo actual. La épica gozaba, según es sabido, de un pretérito ideal—como el pasado que refiere—que ha recibido en las gramáticas el nombre de aoristo épico o gnómico.

Por otra parte, en la novela nos interesa la descripción, precisamente porque, en rigor, no nos interesa lo descrito. Desatendemos a los objetos que se nos ponen delante para atender a la manera como nos son presentados. Ni Sancho, ni el cura, ni el barbero, ni el caballero del Verde Gabán, ni madame Bovary, ni su marido, ni el majadero de Homais son interesantes. No daríamos dos reales por verlos a ellos. En cambio, nos desprenderíamos de un reino en pago a la fruición de verlos captados dentro de los dos libros famosos. Yo no comprendo cómo ha pasado esto desapercibido a los que piensan sobre cosas estéticas. Lo que, faltos de piedad, solemos llamar *lata,* es todo un género literario, bien que fracasado. La *lata* consiste en una narración de algo que no nos interesa (1). La narración tiene que justificarse por su asunto, y será tanto mejor cuanto más somera, cuanto menos se interponga entre lo acontecido y nosotros.

De modo que el autor del libro de caballerías, a diferencia del novelista, hace gravitar toda su energía poética hacia la invención de sucesos interesantes. Estas son las aventuras. Hoy pudiéramos leer la *Odisea* como una relación de aventuras; la obra perdería sin duda nobleza y significación, pero no habríamos errado por completo su intención estética. Bajo Ulises, el igual a los dioses, asoma Sindbad el marino, y apunta, bien que muy lejanamente, la honrada musa burguesa de Julio Verne. La proximidad se funda en la intervención del capricho gobernando los acontecimientos. En la *Odisea* el capricho actúa consagrado por los varios humores de los dioses; en la patraña, en las caballerías ostenta cínicamente su naturaleza. Y si en el viejo poema las andanzas

(1) En un cuaderno de *La Crítica* cita Croce la definición que un italiano da del *latoso:* es, dice, el que nos quita la soledad y no nos da la compañía.

cobran interés levantado por emanar del capricho de un dios—razón al cabo teológica—, es la aventura interesante por sí misma, por su inmanente caprichosidad.

Si apretamos un poco nuestra noción vulgar de realidad, tal vez halláramos que no consideramos real lo que efectivamente acaece, sino una cierta manera de acaecer las cosas que nos es familiar. En este vago sentido es, pues, real, no tanto lo visto como lo previsto; no tanto lo que vemos como lo que sabemos. Y si una serie de acontecimientos toma un giro imprevisto, decimos que nos parece mentira. Por eso nuestros antepasados llamaban al cuento aventurero una patraña.

La aventura quiebra como un cristal la opresora, insistente realidad. Es lo imprevisto, lo impensado, lo nuevo. Cada aventura es un nuevo nacer del mundo, un proceso único. ¿No ha de ser interesante?

A poco que vivimos hemos palpado ya los confines de nuestra prisión. Treinta años cuando más tardamos en reconocer los límites dentro de los cuales van a moverse nuestras posibilidades. Tomamos posesión de lo real, que es como haber medido los metros de una cadena prendida en nuestros pies. Entonces decimos: «¿Esto es la vida? ¿Nada más que esto? ¿Un ciclo concluso que se

repite, siempre idéntico?» He aquí una hora peligrosa para todo hombre.

Recuerdo a este propósito un admirable dibujo
de Gavarni Es un viejo socarrón junto a un tin-
glado de esos donde se enseña el mundo por un
agujero. Y el viejo está diciendo: *Il faut montrer
a l'homme des images, la realité l'embête!* Gavarni vivía entre unos cuantos escritores y artistas
de París defensores del realismo estético. La facilidad con que el público era atraído por los cuentos de aventuras, le indignaba. Y, en efecto, razas débiles pueden convertir en un vicio esta
fuerte droga de la imaginación, que nos permite
escapar al peso grave de la existencia.

9.

El retablo de maese Pedro.

CONFORME va la línea de la aventura desenvol-
viéndose, experimentamos una tensión emo-
cional creciente, como si, acompañando a aquélla
en su trayectoria, nos sintiéramos violentamente
apartados de la línea que sigue la inerte realidad.

A cada paso da ésta sus tirones amenazando con hacer entrar el suceso en el curso natural de las cosas, y es necesario que un nuevo embite del poder aventurero lo liberte y empuje hacia mayores imposibles. Nosotros vamos lanzados en la aventura como dentro de un proyectil, y en la lucha dinámica entre éste, que avanza por la tangente, que ya escapa, y el centro de la tierra, que aspira a sujetarlo, tomamos el partido de aquél. Esta parcialidad nuestra aumenta con cada peripecia y contribuye a una especie de alucinación, en que tomamos por un instante la aventura como verdadera realidad.

Cervantes ha representado maravillosamente esta mecánica psicológica del lector de patrañas en el proceso que sigue el espíritu de Don Quijote ante el retablo de maese Pedro.

El caballo de don Gaiferos, en su galope vertiginoso, va abriendo tras su cola una estela de vacío: en ella se precipita una corriente de aire alucinado que arrastra consigo cuanto no está muy firme sobre la tierra. Y allá va volteando, arrebatada en el vórtice ilusorio, el alma de Don Quijote, ingrávida como un vilano, como una hoja seca. Y allá irá siempre en su seguimiento cuanto quede en el mundo de ingenuo y de doliente.

Los bastidores del retablo que anda mostrando

maese Pedro son frontera de dos continentes espirituales. Hacia dentro, el retablo constriñe un orbe fantástico, articulado por el genio de lo imposible: es el ámbito de la aventura, de la imaginación, del mito. Hacia fuera, se hace lugar un aposento donde se agrupan unos cuantos hombres ingenuos, de estos que vemos a todas horas ocupados en el pobre afán de vivir. En medio de ellos está un mentecato, un hidalgo de nuestra vecindad, que una mañana abandonó el pueblo impelido por una pequeña anomalía anatómica de sus centros cerebrales. Nada nos impide entrar en este aposento: podríamos respirar en su atmósfera y tocar a los presentes en el hombro, pues son de nuestro mismo tejido y condición. Sin embargo, este aposento está a su vez incluso en un libro, es decir, en otro como retablo más amplio que el primero. Si entráramos al aposento, habríamos puesto el pie dentro de un objeto ideal, nos moveríamos en la concavidad de un cuerpo estético. (Velázquez en las *Meninas* nos ofrece un caso análogo: al tiempo que pintaba un cuadro de reyes, ha metido su estudio en el cuadro. Y en *Las hilanderas* ha unido para siempre la acción legendaria que representa un tapiz, a la estancia humilde donde se fabricó.)

Por el conducto de la simplicidad y la amencia

van y vienen efluvios del uno al otro continente, del retablo a la estancia, de ésta a aquél. Diríase que lo importante es precisamente la osmosis y endósmosis entre ambos.

10.

Poesía y realidad.

AFIRMA Cervantes que escribe su libro contra los de caballerías. En la crítica de los últimos tiempos se ha perdido la atención hacia este propósito de Cervantes. Tal vez se ha pensado que era una manera de decir, una presentación convencional de la obra, como lo fué la sospecha de ejemplaridad con que cubre sus novelas cortas. No obstante, hay que volver a este punto de vista. Para la estética es esencial ver la obra de Cervantes como una polémica contra las caballerías.

Si no, ¿cómo entender la ampliación incalculable que aquí experimenta el arte literario? El plano épico donde se deslizan los objetos imaginarios era hasta ahora el único, y podía definirse lo poético con las mismas notas constituyentes de aquél (1) Pero ahora el plano imaginario pasa a ser un segundo plano. El arte se enriquece con un término más; por decirlo así, se aumenta en una tercera dimensión, conquista la profundidad estética, que, como la geométrica, supone una pluralidad de términos. Ya no puede, en consecuencia, hacerse consistir lo poético en ese peculiar atractivo del pasado ideal ni en el interés que a la aventura presta su proceder, siempre nuevo, único y sorprendente. Ahora tenemos que acomodar en la capacidad poética la realidad actual.

Nótese toda la estringencia del problema. Llegábamos hasta aquí a lo poético merced a una superación y abandono de lo circunstante, de lo actual. De modo que tanto vale decir «realidad actual» como decir lo «no poético». Es, pues, la máxima ampliación estética que cabe pensar.

¿Cómo es posible que sean poéticos esta venta y este Sancho y este arriero y este trabucaire de maese Pedro? Sin duda alguna que ellos no lo son. Frente al retablo significan formalmente la agresión a lo poético. Cervantes destaca a Sancho contra toda aventura, a fin de que al pasar

_____

(1) Desde el principio nos hemos desentendido del lirismo, que es una gravitación estética independiente.

por ella la haga imposible. Esta es su misión. No vemos, pues, cómo pueda sobre lo real extenderse el campo de la poesía. Mientras lo imaginario era por sí mismo poético, la realidad es por sí misma antipoética. *Hic Rhodus, hic salta:* aquí es donde la estética tiene que aguzar su visión. Contra lo que supone la ingenuidad de nuestros almogávares eruditos, la tendencia realista es la que necesita más de justificación y explicación, es el *exemplum crucis* de la estética.

En efecto, sería ininteligible si la gran gesticulación de Don Quijote no acertara a orientarnos. Dónde colocaremos a Don Quijote, ¿del lado de allá o del lado de acá? Sería torcido decidirse por uno u otro continente. Don Quijote es la arista en que ambos mundos se cortan formando un bisel.

Si se nos dice que Don Quijote pertenece íntegramente a la realidad, no nos enojaremos. Sólo haríamos notar que con Don Quijote entraría a formar parte de lo real su indómita voluntad. Y esta voluntad se halla plena de una decisión: es la voluntad de la aventura. Don Quijote, que es real, quiere realmente las aventuras. Como él mismo dice: «Bien podrán los encantadores quitarme la ventura, pero el esfuerzo y el ánimo es imposible.» Por eso con tan pasmosa facilidad transita de la sala del espectáculo al interior de la patraña. Es una naturaleza fronteriza, como lo es, en general, según Platón, la naturaleza del hombre.

Tal vez no sospechábamos hace un momento lo que ahora nos ocurre: que la realidad entra en la poesía para elevar a una potencia estética más alta la aventura. Si esto se confirmara, veríamos a la realidad abrirse para dar cabida al continente imaginario y servirle de soporte, del mismo modo que la venta es esta clara noche un bajel que boga sobre las tórridas llanadas manchegas, llevando en su vientre a Carlomagno y los doce Pares, a Marsilio de Sansueña y la sin par Melisendra. Ello es que lo referido en los libros de caballerías, tiene realidad dentro de la fantasía de Don Quijote, el cual, a su vez, goza de una indubitable existencia. De modo que, aunque la novela realista haya nacido como oposición a la llamada novela imaginaria, lleva dentro de sí infartada la aventura.

11.

La realidad, fermento del mito.

L A nueva poesía que ejerce Cervantes no puede ser de tan sencilla contextura como la
griega y la medioeval. Cervantes mira el mundo
desde la cumbre del Renacimiento. El Renacimiento ha apretado un poco más las cosas: es una superación integral de la antigua sensibilidad. Galileo
da una severa policía al universo con su física. Un
nuevo régimen ha comenzado; todo anda más dentro de horma. En el nuevo orden de cosas las
aventuras son imposibles. No va a tardar mucho
en declarar Leibnitz que la simple posibilidad ca-
rece por completo de vigor, que sólo es posible lo
«*compossibile*», es decir, lo que se halle en estre-
cha conexión con las leyes naturales (1). De este
modo lo posible, que en el mito, en el milagro,
afirma una arisca independencia, queda infartado

(1)   Para Aristóteles y la Edad Media es posible lo que
no envuelve en sí contradicción. Lo «*compossibile*» necesita más. Para Aristóteles es posible el centauro: para
nosotros no, porque no lo tolera la biología.

en lo real como la aventura en el verismo de Cervantes.

Otro carácter del Renacimiento es la primacía que adquiere lo psicológico. El mundo antiguo parece una pura corporeidad sin morada y secretos interiores. El Renacimiento descubre en toda su vasta amplitud el mundo interno, el *me ipsum,* la conciencia, lo subjetivo.

Flor de este nuevo y grande giro que toma la cultura es el *Quijote.* En él periclita para siempre la épica con su aspiración a sostener un orbe mítico lindando con el de los fenómenos materiales, pero de él distinto. Se salva, es cierto, la realidad de la aventura; pero tal salvación envuelve la más punzante ironía. La realidad de la aventura queda reducida a lo psicológico, a un humor del organismo tal vez. Es real en cuanto vapor de un cerebro. De modo que su realidad es, más bien, la de su contrario, la material.

En verano vuelca el sol torrentes de fuego sobre la Mancha, y a menudo la tierra ardiente produce el fenómeno del espejismo. El agua que vemos no es agua real, pero algo de real hay en ella: su fuente. Y esta fuente amarga, que mana el agua del espejismo, es la sequedad desesperada de la tierra.

Fenómeno semejante podemos vivirlo en dos

direcciones: una ingenua y rectilínea; entonces el
agua que el sol pinta es para nosotros efectiva;
otra irónica, oblicua cuando la vemos como tal espejismo, es decir, cuando a través de la frescura
del agua vemos la sequedad de la tierra que la finge. La novela de aventuras, el cuento, la épica,
son aquella manera ingenua de vivir las cosas
imaginarias y significativas. La novela realista es
esta segunda manera oblicua. Necesita, pues, de
la primera: necesita del espejismo para hacérnos-
lo ver como tal. De suerte que no es sólo el *Quijote* quien fué escrito contra los libros de caballerías, y, en consecuencia, lleva a éstos dentro, sino
que el género literario «novela» consiste esencialmente en aquella intususcepción.

Esto ofrece una explicación a lo que parecía in-
explicable: cómo la realidad, lo actual, puede convertirse en sustancia poética. Por sí misma, mirada en sentido directo, no lo sería nunca: esto es
privilegio de lo mítico. Mas podemos tomarla oblicuamente como destrucción del mito, como crítica
del mito. En esta forma la realidad, que es de naturaleza inerte e insignificante, quieta y muda,
adquiere un movimiento, se convierte en un poder
activo de agresión al orbe cristalino de lo ideal.
Roto el encanto de éste, cae en polvillo irisado
que va perdiendo sus colores hasta volverse par-

do terruño. A esta escena asistimos en toda novela. De suerte que, hablando con rigor, la realidad no se hace poética ni entra en la obra de arte, sino sólo aquel gesto o movimiento suyo en que reabsorbe lo ideal.

En resolución, se trata de un proceso estrictamente inverso al que engendra la novela de imaginación. Hay además la diferencia de que la novela realista describe el proceso mismo, y aquélla sólo el objeto producido, la aventura.

12.

Los molinos de viento.

Es ahora para nosotros el campo de Montiel un área reverberante e ilimitada, donde se hallan todas las cosas del mundo como en un ejemplo. Caminando a lo largo de él con Don Quijote y Sancho, venimos a la comprensión de que las cosas tienen dos vertientes. Es una el «sentido» de las cosas, su significación, lo que son cuando se las interpreta. Es otra la «materialidad» de las cosas, su positiva sustancia, lo que las constituye antes y por encima de toda interpretación.

Sobre la línea del horizonte en estas puestas de sol inyectadas de sangre,—como si una vena del firmamento hubiera sido punzada—, levántanse los molinos harineros de Criptana y hacen al ocaso sus aspavientos. Estos molinos tienen un sentido: como «sentido» estos molinos son gigantes. Verdad es que Don Quijote no anda en su juicio. Pero el problema no queda resuelto porque Don Quijote sea declarado demente. Lo que en él es anormal, ha sido y seguirá siendo normal en la humanidad. Bien que estos gigantes no lo sean pero... ¿y los otros?, quiero decir, ¿y los gigantes en general? ¿De dónde ha sacado el hombre los gigantes? Porque ni los hubo ni los hay *en realidad*. Fuere cuando fuere, la ocasión en que el hombre pensó por vez primera los gigantes no se diferencia en nada esencial de esta escena cervantina. Siempre se trataría de una cosa que no era gigante, pero que mirada desde su vertiente ideal tendía a hacerse gigante. En las aspas giratorias de estos molinos hay una alusión hacia unos brazos briareos. Si obedecemos al impulso de esa alusión y nos dejamos ir según la curva allí anunciada, llegaremos al gigante.

También justicia y verdad, la obra toda del

espíritu, son espejismos que se producen en la materia. La cultura — la vertiente ideal de las cosas — pretende establecerse como un mundo aparte y suficiente, adonde podamos trasladar nuestras entrañas. Esto es una ilusión, y sólo mirada como ilusión, sólo puesta como un espejismo sobre la tierra, está la cultura puesta en su lugar.

13.

La poesía realista.

DEL mismo modo que las siluetas de las rocas y de las nubes encierran alusiones a ciertas formas animales, las cosas todas desde su inerte materialidad hacen como señas que nosotros interpretamos. Estas interpretaciones se condensan hasta formar una objetividad que viene a ser una duplicación de la primaria, de la llamada real. Nace de aquí un perenne conflicto: la «idea» o «sentido» de cada cosa y su «materialidad» aspiran a encajarse una en otra. Pero esto supone la victoria de una de ellas. Si la «idea» triunfa, la

«materialidad» queda suplantada y vivimos aluci-
nados. Si la materialidad se impone y, penetran-
do el vaho de la idea, reabsorbe ésta, vivimos
desilusionados.

Sabido es que la acción de ver consiste en apli-
car una imagen previa que tenemos sobre una
sensación ocurrente. Un punto oscuro en la lejanía es visto por nosotros sucesivamente como una
torre, como un árbol, como un hombre. Viénese a
dar la razón a Platón que explicaba la percepción
como la resultante de algo que va de la pupila al
objeto y algo que viene del objeto a la pupila. Solía Leonardo de Vinci poner a sus alumnos frente
a una tapia con el fin de que se acostumbraran a
intuir en las formas de las piedras, en las líneas de
sus junturas, en los juegos de sombra y claridad,
multitud de formas imaginarias. Platónico en el
fondo de su ser, buscaba en la realidad Leonardo sólo el paracleto, el despertador del espíritu.

Ahora bien, hay distancias, luces e inclinacio-
nes desde las cuales el material sensitivo de las
cosas reduce a un mínimo la esfera de nuestras
interpretaciones. Una fuerza de concreción impide el movimiento de nuestras imágenes. La cosa
inerte y áspera escupe de sí cuantos «sentidos»
queramos darle: está ahí, frente a nosotros, afirmando su muda, terrible materialidad frente a to-

dos los fantasmas. He ahí lo que llamamos realismo: traer las cosas a una distancia, ponerlas bajo
una luz, inclinarlas de modo que se acentúe la vertiente de ellas que baja hacia la pura materialidad.

El mito es siempre el punto de partida de toda
poesía, inclusive de la realista. Sólo que en ésta
acompañamos al mito en su descenso, en su caída. El tema de la poesía realista es el desmoronamiento de una poesía.

Yo no creo que pueda de otra manera ingresar
la realidad en el arte que haciendo de su misma
inercia y desolación un elemento activo y comba-
tiente Ella no puede interesarnos. Mucho menos
puede interesarnos su duplicación. Repito lo que
arriba dije los personajes de la novela carecen
de atractivo. ¿Cómo es posible que su representación nos conmueva? Y, sin embargo, es así: no
ellos, no *las* realidades nos conmueven, sino su
representación, es decir, la representación de *la*
realidad de ellos. Esta distinción es, en mi entender, decisiva: lo poético de la realidad no es la
realidad como ésta o aquélla cosa, sino la realidad
como función genérica. Por eso, es, en rigor, indiferente, qué objetos elija el realista para descri-
birlos Cualquiera es bueno, todos tienen un halo
imaginario en torno. Se trata de mostrar bajo él
la pura materialidad. Vemos en ella lo que tiene

de instancia última, de poder crítico, ante quien se rinde la pretensión de todo lo ideal, de todo lo querido e imaginado por el hombre a declararse suficiente.

La insuficiencia, en una palabra, de la cultura, de cuanto es noble, claro, aspirante—este es el sentido del realismo poético.—Cervantes reconoce que la cultura es todo eso, pero, ¡ay! es una ficción. Envolviendo a la cultura—como la venta el retablo de la fantasía—yace la bárbara, brutal, muda, insignificante realidad de las cosas. Es triste que tal se nos muestre, ¡pero que le vamos a hacer!, es real, está ahí: de una manera terrible se basta a sí misma. Su fuerza y su significado único radica en su presencia. Recuerdos y promesas es la cultura, pasado irreversible, futuro soñado.

Mas la realidad es un simple y pavoroso «estar ahí.» Presencia, yacimiento, inercia. Materialidad (1).

---

(1) En pintura se hace más patente aún la intención del realismo. Rafael, Miguel Angel pintan las formas de las cosas. *La* forma es siempre ideal—una imagen del recuerdo o una construcción nuestra. Velázquez busca la impresión de las cosas. La impresión es informe y acentúa la materia—raso, terciopelo, lienzo, madera, protoplasma orgánico—, de que estan hechas las cosas.

14.

Mimo.

Claro es que Cervantes no inventa *a nihilo* el tema poético de la realidad: simplemente lo lleva a una expansión clásica. Hasta encontrar en la novela, en el «Quijote», la estructura orgánica que le conviene, el tema ha caminado como un hilillo de agua buscando su salida, vacilante, tentando los estorbos, buscándoles la vuelta, filtrándose dentro de otros cuerpos. De todos modos tiene una extraña oriundez. Nace en los antípodas del mito y de la épica. En rigor, nace fuera de la literatura.

El germen del realismo se halla en un cierto impulso que lleva al hombre a imitar lo característico de sus semejantes o de los animales. Lo característico consiste en un rasgo de tal valor dentro de una fisonomía—persona, animal o cosa—, que al ser reproducido suscita los demás, pronta y enérgicamente, ante nosotros, los hace presentes. Ahora bien, no se imita por imitar: este impulso imitativo—como las formas más complejas de realismo que quedan descritas—, no es original, no nace de sí mismo. Vive de una inten-

ción forastera. El que imita, imita para burlarse.
Aquí tenemos el origen que buscamos: el mimo·

Sólo, pues, con motivo de una intención cómica
parece adquirir la realidad un interés estético.
Esto sería una curiosísima confirmación histórica
de lo que acabo de decir acerca de la novela.

Con efecto, en Grecia, donde la poesía exige una
distancia ideal a todo objeto para estetizarlo, sólo
encontramos temas actuales en la comedia. Como
Cervantes, echa mano Aristófanes de las gentes
que roza en las plazuelas y las introduce dentro de
la obra artística. Pero es para burlarse de ellas.

De la comedia nace, a su vez, el diálogo—un
género que no ha podido lograr independencia—.
El diálogo de Platón también describe lo real y
también se burla de lo real. Cuando transciende
de lo cómico es que se apoya en un interés extra-
poético—el científico. Otro dato a conservar. Lo
real, como comedia o como ciencia, puede pasar a
la poesía, jamás encontramos la poesía de lo real
como simplemente real.

He aquí los únicos puntos de la literatura griega donde podemos amarrar el hilo de la evolución novelesca (1). Nace, pues, la novela llevando

(1) La historia de amor—los *Erotici*—procede de la
comedia nueva. *Willamowitz—Moellendorf* en *Greek his-
torical writing,* (1908), p. p. 22-23.

dentro el aguijón cómico. Y este genio y esta ·
figura la acompañarán hasta su sepultura. La
crítica, la zumba, no es un ornamento inesencial
del Quijote, sino que forma la textura misma del
género, tal vez de todo realismo.

15.

El héroe

MAS hasta ahora no habíamos tenido ocasión
de mirar con alguna insistencia la faz de lo
cómico. Cuando escribía que la novela nos manifiesta un espejismo como tal espejismo, la palabra
comedia venía a merodear en torno a los puntos
de la pluma como un can que se hubiera sentido
llamar. No sabemos por qué, una semejanza oculta nos hace aproximar el espejismo sobre las cal-
cinadas rastrojeras y las comedias en las almas
de los hombres.

La historia nos obliga ahora a volver sobre el
asunto. Algo nos quedaba en el aire, vacilando
entre la estancia de la venta y el retablo de Maese
Pedro. Este algo es nada menos que la voluntad
de Don Quijote.

Podrán a este vecino nuestro quitarle la ventura, pero el esfuerzo y el ánimo es imposible. Serán
las aventuras vahos de un cerebro en fermenta-
ción, pero la voluntad de la aventura es real y verdadera. Ahora bien, la aventura es una disloca-
ción del orden material, una irrealidad. En la voluntad de aventuras, en el esfuerzo y en el ánimo
nos sale al camino una extraña naturaleza bifor-
me. Sus dos elementos pertenecen a mundos con-
trarios: la querencia es real, pero lo querido es
irreal.

Objeto semejante es ignoto en la épica. Los
hombres de Homero pertenecen al mismo orbe que
sus deseos. Aquí tenemos, en cambio, un hombre
que quiere reformar la realidad. Pero ¿no es él una
porción de esa realidad? ¿No vive de ella, no es
una consecuencia de ella? ¿Cómo hay modo de que
lo que no es—el proyecto de una aventura—go-
bierne y componga la dura realidad? Tal vez no lo
haya, pero es un hecho que existen hombres deci-
didos a no contentarse con la realidad. Aspiran
los tales a que las cosas lleven un curso distinto:
se niegan a repetir los gestos que la costumbre, la
tradición, en una palabra, los instintos biológicos
les fuerzan a hacer. Estos hombres llamamos héroes. Porque ser héroe consiste en ser uno, uno
mismo. Si nos resistimos a que la herencia, a que

lo circunstante nos impongan unas acciones deter-
minadas es que buscamos asentar en nosotros, y
sólo en nosotros, el origen de nuestros actos.
Cuando el héroe quiere, no son los antepasados
en él o los usos del presente quienes quieren,
sino él mismo. Y este querer él ser él mismo es
la heroicidad.

No creo que exista especie de originalidad más
profunda que esta originalidad «práctica», activa
del héroe. Su vida es una perpetua resistencia a
lo habitual y consueto. Cada movimiento que hace
ha necesitado primero vencer a la costumbre e
inventar una nueva manera de gesto. Una vida
así es un perenne dolor, un constante desgarrarse
de aquella parte de sí mismo rendida al hábito,
prisionera de la materia.

16.

Intervención del lirismo.

AHORA bien, ante el hecho de la heroicidad—de
la voluntad de aventura—, cabe tomar dos
posiciones: o nos lanzamos con él hacia el dolor,

por parecernos que la vida heróica tiene «sentido», o damos a la realidad el leve empujón que a
esta basta para aniquilar todo heroismo, como se
aniquila un sueño sacudiendo al que lo duerme.
Antes he llamado a estas dos direcciones de nuestro interés, la recta y la oblicua.

Conviene subrayar ahora que el núcleo de realidad a que ambas se refieren es uno mismo. La
diferencia, pues, proviene del modo subjetivo en
que nos acercamos a él. De modo que si la épica
y la novela discrepaban por sus objetos—el pasado y la realidad—, aun cabe una nueva división
dentro del tema realidad. Mas esta división no se
funda ya puramente en el objeto, sino que se ori-
gina en un elemento subjetivo, en nuestra postura
ante aquél.

En lo anterior se ha abstraído, por completo,
del lirismo que es, frente a la épica, el otro ma-
nantial de poesía. No conviene en estas páginas
perseguir su esencia ni detenerse a meditar qué
cosa pueda ser lirismo. Otra vez llegará la sazón.
Baste con recordar lo admitido por todo el mundo: el lirismo es una proyección estética de la
tonalidad general de nuestros sentimientos. La
épica no es triste ni es alegre: es un arte apolí-
neo, indiferente, todo él formas de objetos eter-
nos, sin edad, extrínseco e invulnerable.

Con el lirismo penetra en el arte una sustancia voluble y tornadiza. La intimidad del hombre varía a lo largo de los siglos, el vértice de su sentimentalidad gravita unas veces hacia Oriente y otras hacia Poniente. Hay tiempos jocundos y tiempos de amargor. Todo depende de que el balance que hace el hombre de su propio valer, le parezca, en definitiva, favorable o adverso.

No creo que haya sido necesario insistir sobre lo que va sugerido al comienzo de este breve tratado: que—consista en el pretérito o en lo actual el tema de la poesía—, la poesía y todo arte versa sobre lo humano y sólo sobre lo humano. El paisaje que se pinta se pinta siempre como un escenario para el hombre. Siendo esto así, no podía menos de seguirse que todas las formas del arte toman su origen de la variación en las interpretaciones del hombre por el hombre. Dime lo que del hombre sientes y decirte hé qué arte cultivas.

Y como todo género literario, aun dejando cierto margen, es un cauce que se ha abierto una de estas interpretaciones del hombre, nada menos sorprendente que la predilección de cada época por uno determinado. Por eso la literatura genuina de un tiempo es una confesión general de la intimidad humana entonces.

Pues bien; volviendo al hecho del heroísmo, notamos que unas veces se le ha mirado rectamente y otras oblicuamente. En el primer caso, convertía nuestra mirada al héroe en un objeto estético que llamamos lo trágico. En el segundo, hacía de él un objeto estético que llamamos lo cómico.

Ha habido épocas que apenas han tenido sensibilidad para lo trágico, tiempos embebidos de humorismo y comedia. El siglo XIX—siglo burgués, democrático y positivista—, se ha inclinado con exceso a ver la comedia sobre la tierra.

La correlación que entre la épica y la novela queda dibujada, se repite aquí entre la propensión trágica y la propensión cómica de nuestro ánimo.

17.

La tragedia.

HÉROE es, decía, quien quiere ser él mismo. La raíz de lo heroico hállase, pues, en un acto real de voluntad. Nada parecido en la épica. Por esto Don Quijote no es una figura épica, pero sí es un héroe. Aquiles hace la epopeya, el héroe la quiere. De modo que el sujeto trágico no es trágico, y, por tanto, poético, en cuanto hombre de carne y hueso, sino sólo en cuanto que quiere. La voluntad—ese objeto paradoxal que empieza en la realidad y acaba en lo ideal, pues sólo se quiere lo que no es—, es el tema trágico, y una época para quien la voluntad no existe, una época determinista y darwiniana, por ejemplo, no puede interesarse en la tragedía.

No nos fijemos demasiado en la griega. Si somos sinceros, declararemos que no la entendemos bien. Aun la filología no nos ha adaptado suficientemente el órgano para asistir a una tragedia griega. Acaso no haya producción más entreverada de motivos puramente históricos, transitorios. No se olvide que era en Atenas un oficio religioso. De modo que la obra se verifica más aún que sobre las planchas del teatro, dentro del ánimo de los espectadores. Envolviendo la escena y el público está una atmósfera extrapoética—la religión. Y lo que ha llegado a nosotros es como el libreto de una ópera cuya música no hemos oido nunca—es el revés de un tapiz, cabos de hilos multicolores que llegan de un envés tejido por la fe. Ahora bien, los helenistas se encuentran detenidos ante la fe de los atenienses, no aciertan a reconstruirla Mientras no lo logren, la trage-

dia griega será una página escrita en un idioma
de que no poseemos diccionario.

Sólo vemos claro, que los poetas trágicos de
Grecia nos hablan personalmente desde las más-
caras de sus héroes. ¿Cuándo hace esto Shakespeare? Esquilo compone movido por una intención confusa entre poética y teológica. Su tema
es tanto, por lo menos, como estético, metafísico
y ético. Yo le llamaría *teopoeta*. Le acongojan
los problemas del bien y el mal, de la libertad, de
la justificación, del orden en el cosmos, del cau-
sante de todo. Y sus obras son una serie progresiva de acometidas a estas cuestiones divinas. Su
estro parece más bien un ímpetu de reforma religiosa. Y se asemeja, antes que a un *homme de
lettres* a San Pablo o a Lutero. A fuerza de piedad quisiera superar la religión popular que es
insuficiente para la madurez de los tiempos. En
otro lugar, esta moción no habría conducido a un
hombre hacia los versos, pero en Grecia, por ser
la religión menos sacerdotal, más fluída y ambiente, podía el interés teológico andar menos di-
ferenciado del poético, político y filosófico.

Dejemos, pues, el drama griego y todas las
teorías que, basando la tragedia en no sé qué fatalidad, creen que es la derrota, la muerte del
héroe quien le presta la calidad trágica.

No es necesaria la intervención de la fatalidad, y aunque suele ser vencido, no arranca el triunfo, si llega, al héroe su heroismo. Oigamos el efecto que el drama produce al espectador villano. Si es sincero, no dejará de confesarnos que en el fondo le parece un poco inverosímil. Veinte veces ha estado por levantarse de su asiento para aconsejar al protagonista que renuncie a su empeño, que abandone su posición. Porque el villano piensa muy juiciosamente que todas las cosas malas sobrevienen al héroe porque se obstina en tal o cual propósito. Desentendiéndose de él, todo llegaría a buen arreglo, y como dicen al fin de los cuentos los chinos, aludiendo a su nomadismo antiguo, podría asentarse y tener muchos hijos. No hay, pues, fatalidad, o más bien, lo que fatalmente acaece, acaece fatalmente, porque el héroe ha dado lugar a ello. Las desdichas del *Príncipe Constante* eran fatales desde el punto en que decidió ser constante, pero no es él fatalmente constante.

Yo creo que las teorías clásicas padecen aquí un simple *quid pro quo*, y que conviene corregirlas aprovechando la impresión que el heroismo produce en el alma del villano, incapaz de heroicidad. El villano desconoce aquel estrato de la vida en que ésta ejercita solamente actividades

13

suntuarias, supérfluas. Ignora el rebasar y el so-
brar de la vitalidad. Vive atenido a lo necesario
y lo que hace lo hace por fuerza. Obra siempre
empujado; sus acciones son reacciones. No le
cabe en la cabeza que alguien se meta en andanzas por lo que no le va ni le viene. Le parece un
poco orate todo el que tenga la voluntad de la
aventura, y se encuentra en la tragedia con un
hombre forzado a sufrir las consecuencias de un
empeño que nadie le fuerza a querer.

Lejos, pues, de originarse en la fatalidad lo
trágico, es esencial al héroe querer su trágico
destino. Por eso, mirada la tragedia desde la
vida vegetativa, tiene siempre un carácter ficti-
cio. Todo el dolor nace de que el héroe se resiste
a resignar un papel ideal, un «rôle» imaginario
que ha elegido. El actor en el drama, podría de-
cirse paradójicamente, representa un papel que
es a su vez, la representación de un papel, bien
que en serio esta última. De todos modos, la voli-
ción libérrima inicia y engendra el proceso trágico.
Y este «querer», creador de un nuevo ámbito de
realidades que sólo por él son—el orden trágico—,
es, naturalmente, una ficción para quien no haya
más querer que el de la necesidad natural, la
cual se contenta con sólo lo que es.

18.

La comedia.

L a tragedia no se produce a ras de nuestro suelo; tenemos que elevarnos a ella. Somos asumptos a ella. Es irreal. Si queremos buscar en lo existente algo parecido, hemos de levantar los ojos y posarlos en las cimas más altas de la historia.

Supone la tragedia en nuestro ánimo una predisposición hacia los grandes actos—de otra suerte nos parecerá una fanfarronada—. No se impone a nosotros con la evidencia y forzosidad del realismo, que hace comenzar la obra bajo nuestros mismos pies, y sin sentirlo, pasivamente, nos introduce en ella. En cierta manera, el fruir la tragedia pide de nosotros que la queramos también un poco, como el héroe quiere su destino. Viene, en consecuencia, a hacer presa en los síntomas de heroismo atrofiado que existan en nosotros. Porque todos llevamos dentro como el muñón de un héroe.

Mas una vez embarcados según el heroico

rumbo, veremos que nos repercuten en lo hon-
do los fuertes movimientos y el ímpetu de ascensión que hinchen la tragedia. Sorprendidos hallaremos que somos capaces de vivir a una tensión
formidable y que todo en torno nuestro aumenta
sus proporciones recibiendo una superior dignidad. La tragedia en el teatro nos abre los ojos
para descubrir y estimar lo heroico en la realidad.
Así Napoleón, que sabía algo de psicología, no
quiso que durante su estancia en Frankfurt, ante
aquel público de reyes vencidos, representara comedias su compañía ambulante, y obligó a Talma a
que produjera las figuras de Racine y de Corneille.

Mas en torno al héroe muñón que dentro con-
ducimos, se agita una caterva de instintos plebe-
yos. En virtud de razones, sin duda, suficientes,
solemos abrigar una grande desconfianza hacia
todo el que quiere hacer usos nuevos. No pedi-
mos justificación al que no se afana en rebasar la
línea vulgar, pero la exigimos perentoriamente al
esforzado que intenta transcenderla. Pocas cosas
odia tanto nuestro plebeyo interior como al ambicioso. Y el héroe, claro está que empieza por ser
un ambicioso. La vulgaridad no nos irrita tanto
como las pretensiones. De aquí que el héroe ande
siempre a dos dedos de caer, no en la desgracia,
que esto sería subir a ella, sino de caer en el ri-

dículo. El aforismo: «de lo sublime a lo ridículo no hay más que un paso», formula este peligro que amenaza genuinamente al héroe. ¡Ay de él como no justifique con exuberancia de grandeza, con sobra de calidades su pretensión de no ser como son los demás, «como son las cosas»! El reformador, el que ensaya nuevo arte, nueva ciencia, nueva política, atraviesa, mientras vive, un medio hostil, corrosivo, que supone en él un fatuo, cuando no un mixtificador. Tiene en contra suya aquello por negar lo cual es él un héroe: la tradición, lo recibido, lo habitual, los usos de nuestros padres, las costumbres nacionales, lo castizo, la inercia omnímoda, en fin. Todo esto, acumulado en centenario aluvión, forma una costra de siete estados a lo profundo. Y el héroe pretende que una idea, un corpúsculo menos que aéreo, súbitamente aparecido en su fantasía, haga explotar tan oneroso volumen. El instinto de inercia y de conservación no lo puede tolerar y se venga. Envía contra él al realismo, y lo envuelve en una comedia.

Como el carácter de lo heroico estriba en la voluntad de ser lo que aún no se es, tiene el personaje trágico medio cuerpo fuera de la realidad. Con tirarle de los pies y volverle a ella por completo, queda convertido en un carácter cómico.

Difícilmente, a fuerza de fuerzas, se incorpora
sobre la inercia real la noble ficción heroica: toda
ella vive de aspiración. Su testimonio es el futuro. La *vis comica* se limita a acentuar la vertiente del héroe que da hacia la pura materialidad.
Al través de la ficción, avanza la realidad, se impone a nuestra vista y reabsorbe el «rôle» trágico (1). El héroe hacía de éste su ser mismo, se
fundía con él. La reabsorción por la realidad consiste en solidificar, materializar la intención aspirante sobre el cuerpo del héroe. De esta guisa
vemos el «rôle» como un disfraz ridículo, como
una máscara bajo la cual se mueve una criatura
vulgar.

El héroe anticipa el porvenir y a él apela. Sus
ademanes tienen una significación utópica. Él no
dice que sea, sino que quiere ser. Así, la mujer
feminista aspira a que un día las mujeres no ne-
cesiten ser mujeres feministas. Pero el cómico
suplanta el ideal de las feministas por la mujer
que hoy sustenta sobre su voluntad ese ideal.
Congelado y retrotraído al presente lo que está

(1) Cita Bergson un ejemplo curioso. La reina de Prusia
entra en el cuarto donde está Napoleón. Llega furibunda,
ululante y conminatoria. Napoleón se limita a rogarle que
tome asiento. Sentada la reina, enmudece; el «rôle» trágico no puede afirmarse en la postura burguesa propia
de una visita, y se abate sobre quien lo llevaba.

hecho para vivir en una atmósfera futura, no acierta a realizar las más triviales funciones de la existencia. Y la gente ríe. Presencia la caída del pájaro ideal al volar sobre el aliento de un agua muerta. La gente ríe. Es una risa útil: por cada héroe que hiere, tritura a cien mixtificadores.

Vive, en consecuencia, la comedia sobre la tragedia, como la novela sobre la épica. Así nació históricamente en Grecia a modo de reacción contra los trágicos y los filósofos que querían introducir dioses nuevos y fabricar nuevas costumbres. En nombre de la tradición popular, de «nuestros padres» y de los hábitos sacrosantos, Aristófanes produce en la escena las figuras actuales de Sócrates y Eurípides. Y lo que aquél puso en su filosofía y éste en sus versos, lo pone él en las personas de Sócrates y Eurípides.

La comedia es el género literario de los partidos conservadores.

De querer ser a creer que se es ya, va la distancia de lo trágico a lo cómico. Este es el paso entre la sublimidad y la ridiculez. La trasferencia del carácter heroico desde la voluntad a la percepción causa la involución de la tragedia, su desmoronamiento—su comedia. El espejismo aparece como tal espejismo.

Esto acontece con Don Quijote cuando, no contento con afirmar su voluntad de la aventura, se obstina en creerse aventurero. La novela inmortal está a pique de convertirse simplemente en comedia. Siempre va el canto de un duro, según hemos indicado, de la novela a la pura comedia.

A los primeros lectores del Quijote debió parecerles tal aquella novedad literaria. En el prólogo de Avellaneda se insiste dos veces sobre ello: «Como casi es comedia toda la *Historia de Don Quijote de la Mancha*», comienza dicho prólogo, y luego añade: «conténtese con su *Galatea* y comedias en prosa, que eso son las más de sus novelas». No quedan suficientemente explicadas estas frases con advertir que entonces era comedia el nombre genérico de toda obra teatral.

19.

La tragicomedia.

EL género novelesco es, sin duda, cómico. No digamos que humorístico, porque bajo el manto del humorismo se esconden muchas vanidades. Por lo pronto, se trata simplemente de aprovechar la significación poética que hay en la caída violenta del cuerpo trágico, vencido por la fuerza de inercia, por la realidad. Cuando se ha insistido sobre el realismo de la novela, debiera haberse notado que en dicho realismo algo más que realidad se encerraba, algo que permitía a esta alcanzar un vigor de poetización que le es tan ajeno. Entonces se hubiera patentizado que no está en la realidad yacente lo poético del realismo, sino en la fuerza atractiva que ejerce sobre los aerolitos ideales.

La línea superior de la novela es una tragedia; de allí se descuelga la musa siguiendo a lo trágico en su caída. La línea trágica es inevitable, tiene que formar parte de la novela, siquiera sea como el perfil sutilísimo que la limita. Por esto, yo creo que conviene atenerse al nombre buscado por Fernando de Rojas para su «Celestina»: tragicomedia. La novela es tragicomedia. Acaso en la Celestina hace crisis la evolución de este género, conquistando una madurez que permite en el «Quijote» la plena expansión.

Claro está que la línea trágica puede engrosar sobremanera y hasta ocupar en el volumen novelesco tanto espacio y valor como la materia cómica. Caben aquí todos los grados y oscilaciones.

En la novela como síntesis de tragedia y come-

dia se ha realizado el extraño deseo que, sin comentario alguno, deja escapar una vez Platón.
Es allá en el Banquete, de madrugada. Los co-
mensales rendidos por el jugo dionisiaco, yacen
dormitando en confuso desorden. Aristodemos
despierta vagamente, «cuando ya cantan los ga-
llos»; le parece ver que sólo Sócrates, Agatón
y Aristófanes siguen vigilantes. Cree oir que están trabados en un difícil diálogo, donde Sócrates
sostiene frente a Agatón, el joven autor de trage-
dias, y Aristófanes, el cómico, que no dos hombres distintos, sino uno mismo debía ser el poeta
de la tragedia y el de la comedia.

Esto no ha recibido explicación satisfactoria,
mas siempre al leerlo he sospechado que Platón,
alma llena de gérmenes, ponía aquí la simiente
de la novela. Prolongando el ademán que Sócrates hace desde el *Symposion* en la lívida claridad
del amanecer, parece como que topamos con Don
Quijote, el héroe y el orate.

20.

Flaubert, Cervantes, Darwin.

L a infecundidad de lo que ha solido llamarse patriotismo en el pensamiento español, se manifiesta en que los hechos españoles positivamente grandes no han sido bastante estudiados. El entusiasmo se gasta en alabanzas estériles de lo que no es loable y no puede emplearse, con la energía suficiente, allí donde hace más falta.

Falta el libro donde se demuestre al detalle que toda novela lleva dentro, como una íntima filigrana, el Quijote, de la misma manera que todo poema épico lleva, como el fruto el hueso, la Iliada.

Flaubert no siente empacho en proclamarlo: «Je retrouve—dice—mes origines dans le livre que je savais par cœur avant de savoir lire, don Quichotte» (1) Madame Bovary es un Don Quijote con faldas y un mínimo de tragedia sobre el alma. Es la lectora de novelas romanticas y re-

(1) *Correspondence,* II, 16.

presentante de los ideales burgueses que se han
cernido sobre Europa durante medio siglo. ¡Mí-
seros ideales! ¡Democracia burguesa, romanticismo positivista!

Flaubert se da perfecta cuenta de que el arte
novelesco es un género de intención crítica y cómico nervio: «Je tourne beaucoup a la crítique—
escribe al tiempo que compone la *Bovary*—; *le roman que j'écris m'aiguise cette faculté, car c'est
une œuvre surtout de critique ou plutot d'anato-
mie.*» (1) Y en otro lugar: «Ah! ce qui manque á
la societé moderne ce n'est pas un Christ, ni un
Washington, ni un Socrate, ni un Voltaire, *c'est
un Aristophane.*» (2)

Yo creo que en achaques de realismo no ha de
parecer Flaubert sospechoso y que será aceptado
como testigo de mayor excepción.

Si la novela contemporánea pone menos al descubierto su mecanismo cómico, debese a que los
ideales por ella atacados apenas se distancian de
la realidad con que se los combate. La tirantez es
muy débil: el ideal *cae* desde poquísima altura. Por
esta razón puede augurarse que la novela del
siglo XIX será ilegible muy pronto: contiene la
menor cantidad posible de dinamismo poético.

(1) Ibid. 370.
(2) Ibid. 159.

Ya hoy nos sorprendemos cuando al *caer* en nuestras manos un libro de Daudet o de Maupassant, no encontramos en nosotros el placer que hace quince años sentíamos. Al paso que la tensión del Quijote promete no gastarse nunca.

El ideal del siglo XIX era el realismo. «Hechos, sólo hechos»—clama el personaje dickensiano de *Tiempos difíciles*. El *como*, no el *por qué*, el hecho, no la idea—predica Augusto Comte. Madame Bovary respira el mismo aire que Mr. Homais—una atmósfera comtista. Flaubert lee la *Filosofía positiva* en tanto va escribiendo su novela· «est un ouvrage—dice—profondément farce; il faut seulement lire, pour s'en convaincre, l'introduction qui en est le résumé; il y a, pour quelqu'un qui voudrait faire des charges au théâtre *dans le goût aristophanesque,* sur les théories sociales, des californies de rires» (1).

La realidad es de tan feroz genio que no tolera el ideal ni aun cuando es ella misma la idealizada. Y el siglo XIX no satisfecho con levantar a forma heróica la negación de todo heroísmo, no contento con proclamar la idea de lo positivo, vuelve a hacer pasar este mismo afan bajo las horcas caudinas de la asperísima realidad. Una frase escapa a

(1) Loc. cit. II. 261.

Flaubert sobradamente característica: «on me croit épris du réel, tandis que je l'exécre; car c'est en haine du realisme que j'ai entrepris ce roman.» (1)

Estas generaciones de que inmediamente procedemos habían tomado una postura fatal. Ya en el Quijote se vence el fiel de la balanza poética del lado de la amargura para no recobrarse por completo hasta ahora. Pero este siglo, nuestro padre, ha sentido una perversa fruición en el pesimismo: se ha revolcado en él, ha apurado su vaso y ha comprimido el mundo de manera que nada levantado pudo quedar en pié. Sale de toda esta centuria hacia nosotros como una bocanada de rencor.

Las ciencias naturales basadas en el determinismo habían conquistado durante los primeros lustros el campo de la biología. Darwin cree haber conseguido aprisionar lo vital—nuestra última esperanza—dentro de la necesidad física. La vida desciende a no más que materia. La fisiología a mecánica.

El organismo que parecía una unidad independiente, capaz de obrar por sí mismo, es inserto en el medio físico, como una figura en un tapíz. Ya no

(1) *Correspondence,* III, 67-68. Véase lo que escribe sobre su *Diccionario de lugares comunes: Gustavus Flaubertus, Bourgeoisophobus.*

es él quien se mueve sino el medio en él. Nuestras acciones no pasan de reacciones. No hay libertad, originalidad. Vivir es adaptarse: adaptarse es dejar que el contorno material penetre en nosotros, nos desaloje de nosotros mismos. Adaptación es sumisión y renuncia. Darwin barre los héroes de sobre el haz de la tierra.

Llega la hora del «roman experimental». Zola no aprende su poesía en Homero ni en Shakespeare sino en Claudio Bernard. Se trata siempre de hablarnos del hombre. Pero como ahora el hombre no es sujeto de sus actos sino que es movido por el medio en que vive, la novela buscará la representación del medio. El medio es el único protagonista.

Se habla de producir el «ambiente.» Se somete el arte a una policía: la verosimilitud. ¿Pero es que la tragedia no tiene su interna, independiente verosimilitud? ¿No hay un *vero* estético—lo bello? ¿Y una similitud a lo bello? Ahí está, que no lo hay, según el positivismo: lo bello es lo verosimil y lo verdadero es sólo la física. La novela aspira a fisiología.

Una noche en el *pere Lachaise,* Bouvard y Pécuchet entierran la poesía—en honor a la verosimilitud y al determinismo.

ÍNDICE

14

PUBLICACIONES DE LA

RESIDENCIA DE ESTUDIANTES

PUBLICACIONES DE LA

Serie I. Cuadernos de trabajo:

Con estos cuadernos de investigación, quisiera la Residencia contribuir a la labor científica española.

1. El sacrificio de la misa, por Gonzalo de Berceo. Edición de *Antonio G. Solalinde*. (Publicado.)　　　1,50 ptas.
2. El problema de la cerámica ibérica, por *Pedro Bosch y Gimpera*. (En prensa.)
3. Un profesor español del siglo xvi: Juan Lorenzo Palmireno, por *Miguel Artigas*.
4. Baquílides. Traducción del griego por *Pedro Bosch y Gimpera*.
5. Constituciones de la bailía de Miravet (1328). Edición de *Galo Sánchez*.
6. El renacimiento en España. Introducción metódica, por *Federico de Onís*.

Serie II. Ensayos:

Componen esta serie trabajos originales que, aun versando sobre temas concretos de arte, historia, ética, literatura, etc., tienden a expresar una ideología de amplio interés, en forma cálida y personal.

1. Meditaciones del Quijote. Meditación preliminar y Meditación primera, por *José Ortega y Gasset*. (Publicado.) 3 pts.
2. El protectorado francés en Marruecos y sus enseñanzas para la acción española, por *Manuel González Hontoria*. (Publicado.)　　　3 ptas.
3. Diccionario filosófico portátil, por *Eugenio d'Ors*.
4. La universidad española, por *Federico de Onís*.
5. El arte español, por *Manuel B. Cossío*.

Y otros de la Condesa de Pardo Bazán, Miguel de Unamuno, *Azorín*, Luis de Zulueta, Pío Baroja, Gabriel Alomar, etc.

Serie III. Biografías:

Para promover viriles entusiasmos, nada como las vidas heroicas de hombres ilustres, exaltadas por espíritus gemelos. Esta serie consta de ejemplares biografías, cuya traducción se ha confiado a escritores competentes.

1. Vida de Beethoven, por *Romain Rolland*. Traducción de *Juan Ramón Jiménez*. (Publicada.)   3 ptas.
2. Vida de Miguel Angel, por *Romain Rolland*. Traducción de *Juan Ramón Jiménez*.
3. Vida de Tolstoy, por *Romain Rolland*. Traducción de *Juan Ramón Jiménez*.

Serie IV. Varia:

La Residencia se propone perpetuar, con esta serie, la eficacia de toda manifestación espiritual (lecturas, jiras, conferencias, conmemoraciones), que impulse la nueva España hacia un ideal puro, abierto y definido.

1. De la amistad y del diálogo. Lectura dada en la Residencia de Estudiantes por *Eugenio d'Ors*. (Publicada.) No se vende.
2. Fiesta de Aranjuez, en honor de Azorín. Discursos, poesías y cartas. (En prensa.)
3. Le comique musical de Jean Sebastien Bach. Conférence faite à la Residencia de Estudiantes par *M. André Pirro*. (En prensa.)

EL SACRIFICIO DE LA MISA

...Después de que Fitz-Gerald hubo dado en 1904 una edición crítica de la VIDA DE SANTO DOMINGO, de Berceo, era de desear una edición semejante del SACRIFICIO DE LA MISA—que con aquélla es la única obra de Berceo trasmitida por manuscritos—, puesto que la edición de Janer apenas puede satisfacer... Recibimos ahora una impresión diplomática del texto del ms. de Madrid, BN, núm. 1533, en ejecución cuidada, como se puede reconocer por la comparación del facsímil adjunto con el impreso. La Introducción orienta solamente sobre el manuscrito y las impresiones anteriores...

(Zeitschrift für romanische Philologie, 1914, xxxviii, cuad. 3.º, pág. 383.)

...El Sr. Solalinde ha pretendido ofrecer los materiales para la restitución definitiva de esta obra, reproduciendo *paleográficamente* el códice matritense. En realidad lo ha hecho con todo esmero y cuidado; de manera que su libro es reflejo fiel del códice en su grafía y hasta en sus tildes...

...Este es el primer trabajo del Sr. Solalinde, aventajado discípulo de D. Ramón Menéndez Pidal, y en él da muestras de esa sobriedad en el estilo y esa escrupulosidad en la crítica, tan propias de su maestro. Tales comienzos hacen esperar fundadamente mucho para el porvenir...

(Razón y Fe, Madrid.)

...Ahora poseemos también en reproducción diplomática la segunda obra de Gonzalo de Berceo, de la que nos es conocido hoy un manuscrito. El editor, discípulo de R. Menéndez Pidal, reproduce el texto del ms. 1533 de la Biblioteca Nacional de Madrid, en forma que da la impresión del mayor cuidado...

(Archiv für das Studium der neueren Sprachen und Literaturen, 1914, t. cxxxii, pág. 267.)

...El Sr. Solalinde ha prestado un verdadero servicio a los amantes de la literatura medioeval, poniendo a su alcance un texto de Berceo, con un esmero que aún hoy merece notarse por su rareza en trabajos de esta índole...

EL SACRIFICIO DE LA MISA

Por otra parte era de urgencia publicar el único de los manuscritos de este autor, que carecía de edición moderna...

... Precede al texto una introducción; hay, además, una bibliografía de las ediciones anteriores. Como complemento se añade al final las estrofas que faltan en el ms., y que sa hallan en la ed. de Sánchez, quien tuvo a su alcance otra copia... Este libro responde admirablemente a los propósitos de la *Residencia de Estudiantes*... La edición, que por el rigor de su método y la forma discretísima en que está concebida revela en su autor dotes más que de principiante, nos autoriza a asegurarle muchos éxitos...
(*Revista de Libros,* Madrid.)

... Ofrece esta edición el texto *paleográfico* de esta obra de Berceo, acompañado de las informaciones esenciales sobre el manuscrito y las ediciones anteriores...

...El editor ha conservado el signo de la cesura tal como se encuentra en el ms., y publica un facsímil de una página de texto. La obra produce plena evidencia de cuidado y exactitud y el texto forma una base muy valiosa, para una futura edición crítica... Las ediciones de Sánchez y Janer necesitaban imperiosamente de revisión, como se vé por las muy importantes lecciones corregidas que nos proporciona esta nueva edición...

...La edición de Solalinde constituye el volumen I, de la serie I, de las *Publicaciones de la Residencia de Estudiantes.*
(*Modern Language Notes.* Baltimore.)

...Sabido es que del caudal de manuscritos de las obras de Berceo que D. Tomás Antonio Sánchez conoció, se han perdido después todos, excepto dos de la Vida de Santo Domingo de Silos, y uno de El Sacrificio de la Misa. Con esta escasa base cuenta hoy la crítica para llegar a la restitución de la obra total de Berceo, depurando el resto de ella, que ha llegado a nuestras manos solamente a través de la edición de Sánchez...

... No es necesario insistir en la importancia que para la historia de la lengua y la literatura españolas, tiene el conocimiento profundo y

EL SACRIFICIO DE LA MISA

acabado de la obra de Gonzalo de Berceo. A satisfacer esta necesidad, que tan vivamente se siente, ha contribuido la crítica moderna con la edición de las dos obras arriba citadas. Me refiero a la edición sobradamente conocida que de la VIDA DE SANTO DOMINGO hizo Fitz-Gerald en 1904, edición que, aunque en ciertos aspectos requiere ya hoy su revisión, señala un paso importante en el estudio de Berceo, y a la de EL SACRIFICIO DE LA MISA, que hoy poseemos gracias al esfuerzo del señor Solalinde...

... La transcripción del texto está hecha con el rigor y la exactitud que pediría la crítica más exigente. Baste decir, para no entrar en detalles técnicos, que en este plano, del que metódicamente se ha propuesto no salir el editor, su labor es sencillamente perfecta...

... La *Residencia de Estudiantes* nos ofrece, al empezar esta serie de publicaciones, uno de esos indicios alentadores, que viene a sumarse a otros que cualquier espíritu atento habrá podido descubrir en estos últimos años en diversos aspectos de la vida española. No dejemos de volver nuestros ojos constantemente con el mayor amor—y no sin cierta melancolía—hacia esta nueva generación que viene a la vida en unas condiciones y con una fuerza adquirida que a nosotros nos faltaron bien poco ha...

(*La Lectura*, Madrid.)

... El valor principal del texto del Sr. Solalinde consiste en haber corregido numerosos descuidos de los textos de Sánchez y de Janer, y en ajustarse rigurosamente a las condiciones de precisión y exactitud que la filología exige en ediciones de esta índole.

Por el momento, y mientras no sean hallados los desaparecidos manuscritos de San Millán de la Cogolla, la edición del Sr. Solalinde, superior en exactitud a la de la VIDA DE SANTO DOMINGO DE SILOS, publicada por Fitz-Gerald en 1904, París, será el material más seguro para poder empezar un estudio crítico del lenguaje, la métrica y el estilo de Gonzalo de Berceo.

(*Revista de Filología Española*, Madrid.)

ESTE LIBRO

SE ACABÓ DE IMPRIMIR

EN LA IMPRENTA CLÁSICA ESPAÑOLA

DE MADRID

EL DÍA 21 DE JULIO

DE 1914

Printed in the USA
CPSIA information can be obtained
at www.ICGtesting.com
LVHW011153260923
759185LV00005B/361

9 781015 519695